WITHDRAWN

BEYOND DESIRE

LUDION

Bernhard Willhelm, winter 2005-2006
Fotoprint met afbeelding van de ontwerper |
Photo print featuring the designer

INHOUD

CONTENT

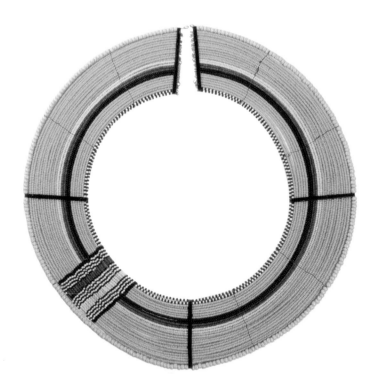

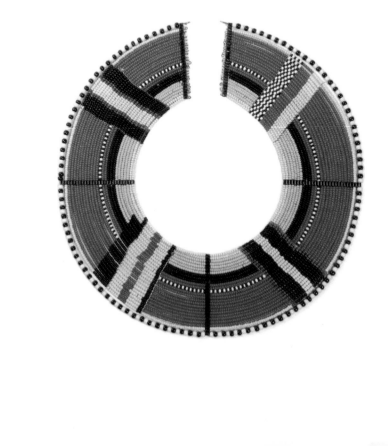

BEYOND DESIRE

Christian Dior by John Galliano,
Haute Couture zomer | summer 1997
Halskettingen (links) en hoed (rechts) met veelkleurige parels
Inspiratie: Masai – Oost-Afrika |
Multicolour pearl plate collars (left) and hat (right)
Inspiration: Masai – East Africa

01.ASHISH

Zomer 2005

Kousen | Collants | Tights 'We love colours for Ashish'

Accessoires | Accessories Florian Ladstaetter
Courtesy Valery Demure

Ashish, UK
zomer | summer 2005
Kousen | Tights 'We love colours for Ashish'

Florian Ladstaetter
Broche, hars | Brooch, resin
Courtesy Valery Demure

8

Christian Dior by John Galliano,
Haute Couture zomer | summer 1997
'Kigely'
Jurk en accessoires versierd met veelkleurig borduurwerk
van mat glas en been in een Afrikaans juweelmotief |
Dress and accessories pearled with matte multicolour glass
and bone with intertwined African jewellery design

Rechterpagina | right page
'Kusundi'
Avondjurk met S-lijn in zwarte crêpe en zwarte kant,
Masai korset en choker in veelkleurige parels |
S-line evening dress in black lace-veiled silk crepe,
multicolour pearl choker and Masai corset
'Kitu'
Avondjurk met S-lijn in zwarte tafzijde met handgeschilderde
tropische bloemen, Masai korset, choker en hoed in veelkleurige parels |
S-line evening dress in black silk taffeta with hand painted tropical flowers,
Masai corset, choker and hat

Christian Dior by John Galliano,
Haute Couture zomer | summer 2002
Veelkleurige rastapruiken, wol |
Multicolour rasta wigs, wool
Ontwerp | Design: Stephen Jones

XULY.Bët
In: Revue Noire Nr. 27, Spécial Mode,
Dec. 1997 | Jan. | Feb. 1998

XULY.Bët
Funkin' Fashion Inc.
zomer | summer 2005

Rechterpagina | Right page
XULY.Bët
in samenwerking met | in collaboration with
Jérôme & Cathérine Clermont
Detail uit de | detail from the XULY.Bët Boutik
MoMu, 2005

DIORIFIC
Houten hoed met uitgesneden Afrikaanse figuren
Wooden hat with carved African figures

00.BEYOND DESIRE: INLEIDING

BEYOND DESIRE gaat na wat er aan de oppervlakte gebeurt wanneer twee culturen elkaar ontmoeten en hoe deze ontmoeting betekenisvol kan zijn. De uitwisseling tussen Afrikaanse – en meer algemeen zwarte – culturen enerzijds en de westerse en Europese cultuur anderzijds staat in dit tentoonstellingsproject centraal. Uitgangspunt is de notie van het verlangen, een thema dat in discours over culturele uitwisseling of globalisering zelden of nooit aan bod komt. Eigen aan elk verlangen is een bepaalde mate van fantasie, die onze blik stuurt en ons beeld van 'de ander' vormt of vervormt. Mode is hierbij een uitstekende graadmeter: toegankelijk, gedreven door een grenzeloze fantasie, niet gebonden aan enig politiek correct denken, decoratief of oppervlakkig maar tegelijkertijd diep geworteld in ons culturele en maatschappelijke onderbewustzijn. **BEYOND DESIRE** toont hoe twee culturen zich elkaars beeldtaal toe-eigenen en hoe de verlangens van de ene cultuur via mode en kledij geprojecteerd worden op het fantasiebeeld van de andere. De tentoonstellingsscenografie van Bob Verhelst vertaalt deze wisselwerking in een labyrintstructuur waarbij telkens nieuwe raakvlakken ontstaan. De kamers en muren vormen geen afscheidingen, maar nemen de bezoeker mee op een grillig parcours. Op meerdere plaatsen worden doorkijken gecreëerd die de bezoekers niet alleen uitzicht bieden op het vervolg van de tentoonstelling maar ook op de andere aanwezigen in de ruimte. Op diverse wanden zijn spiegels aangebracht. De bezoeker gluurt, kijkt en wordt bekeken. De spiegelwanden verdubbelen de tentoonstellingsruimte en scheppen een parallelle scenografie die misleidt en verwart, maar evenzeer nieuwe perspectieven opent.

In 1997 lanceerde het huis Dior zijn nieuwe lippenstift *Diorific*. Het campagnebeeld van deze collectie toont een blank model met hoge hoed, versierd met Afrikaans geïnspireerde houten beeldjes. De hautecouturecollectie van lente/zomer 1997 bevat naast Aziatische invloeden een reeks silhouetten geïnspireerd op de Masai uit Oost-Afrika. Volgens het persbericht verwijzen de Masai-elementen naar een

Afrika dat tegelijkertijd wreed en fascinerend is, met een sterk gevoel voor kleur en design. De signatuur van John Galliano, een mix van diverse culturen en historische stijlen in combinatie met de Franse elegantie van het huis Dior, is in deze collectie overduidelijk aanwezig. Galliano's inspiratiebronnen zijn vaak onmiddellijk herkenbaar als etnisch of historisch. De sterkte van zijn theatrale beeldtaal ligt echter in de bewuste verwarring van bepaalde archetypische beelden. Het campagnebeeld van *Diorific* is hiervan een mooi voorbeeld.

Twee symbolen uit de westerse twintigste-eeuwse garderobe komen hier samen in één beeld: enerzijds de hoge hoed, archetype van het Europese mannelijke silhouet, en anderzijds de parelketting, klassiek vrouwelijk accessoire. De hoge hoed, niet weg te denken uit het negentiende-eeuwse Parijse straatbeeld, is wellicht hét symbool van de toenmalige burgerlijke maatschappij en moraal.[1] Het is dan ook verwonderlijk dat juist dit hoofddeksel begin twintigste eeuw zal fungeren als metafoor voor de moderniteit en haar vooruitgangsdenken. Enerzijds werd de cilinderstructuur ervan gelieerd aan de schoorsteen van de stoomlocomotief, op zijn beurt boegbeeld van de industriële vooruitgang. Anderzijds waren de strakke lijnen en pure vormen ervan makkelijk te abstraheren en in te zetten in de beeldtaal van de opeenvolgende kunststromingen aan het begin van de vorige eeuw. De hoge hoed vertaalt de ambiguïteit die zo eigen is aan het modernistische project zelf. Hij belichaamt de spanning tussen het restauratieve en het revolutionaire, waarbij het oude in zich reeds de kiemen van het nieuwe draagt.

Deze dualiteit trekt Galliano nog een stap verder door. Het beladen beeld van de hoed, hier gedragen door een vrouw, combineert hij met een Afrikaans archetype. Het blankhouten hoofddeksel uit de *Diorific*-campagne lijkt geïnspireerd op een Afrikaanse stoel, naast statussymbool voor koningen en stamhoofden een bij uitstek decoratief element. De vrouwelijke sculpturen die het draag-

vlak van de stoel ondersteunen, verwijzen naar de afstamming via vrouwelijke lijn en gelden aldus als legitimatie van de koninklijke macht.[2]
De Afrikaans geïnspireerde silhouetten uit de collectie van 1997 bouwen alle voort op dit spel met archetypische beelden. De veelkleurige geperleerde korsetten, bij de Masai voorbehouden aan de dapperste krijgers, combineert John Galliano met elegante avondjurken uitgevoerd in luxueuze textielen zoals zwarte kant of handbeschilderde zijde. Het korset, vast onderdeel van de negentiende-eeuwse jurk, wordt niet onder, maar als decoratief accessoire bovenop de jurk gedragen.

Afrika is de hele twintigste eeuw een dankbare inspiratiebron geweest voor de westerse mode. Seksualiteit is hiervan steeds een belangrijk onderdeel geweest, wellicht het gevolg van een door de blanke kolonisator verkeerdelijk geïnterpreteerde Afrikaanse naaktheid. Deze wordt vandaag dan wel niet meer als immoreel of losbandig ervaren, uit de hedendaagse westerse mode blijkt dat deze erotische projectie nog levendig aanwezig is in ons onderbewustzijn.
Zo is het gebruik van luipaardmotieven in de westerse mode wellicht een van de meest voor de hand liggende clichés verbonden aan Afrika. De zwarte vrouw als 'wilde kat' en de impliciet seksuele connotaties die ermee gepaard gaan, worden nog steeds ingezet in mode met een sexy uitstraling.

Yves Saint Laurents zomercollectie van 1967 bevat een aantal 'Afrikaanse' jurken. Volgens *Harper's Bazaar* (maart 1967) *'a fantasy of primitive genius – shells and jungle jewelry clustered to cover the bosom and hips, latticed to bare the midriff'*. Kralen, parels en raffia worden verwerkt in sexy mini-jurken. De mini-jurk, hét symbool van de Europese seksuele revolutie, wordt in deze collectie uitgevoerd in kralenwerk dat de buik gedeeltelijk ontbloot. De erotische aantrekkingskracht die uitgaat van het Afrikaanse continent wordt op deze manier ten volle ingezet in de ontvoogdingsstrijd van Frankrijk aan het eind van de jaren 1960. De video

Les jeux sont faits (Gaumont Pathé Archives) is een duidelijke illustratie van Saint Laurents exotisme uit de jaren 1960. Een aantal blanke modellen met bizarre pseudo-Afrikaanse kapsels en gekleed in Saint Laurents Afrika-jurken spelen schaak. De pionnen van het schaakspel zijn vervangen door miniatuurbeeldjes van giraffen, zebra's en aapjes. Het spel wordt uitdagend gespeeld. De erotische ondertoon van het filmpje wordt daarenboven nog versterkt door close-ups van de vervaarlijk uitziende kralen puntbeha's of een jurk met ter hoogte van de buik twee rijen ivoren tanden. Het model dat deze jurk draagt, wiegt zachtjes heen en weer, waardoor de tanden over elkaar lijken te knarsen zoals de muil van een wild beest.

Elementen uit de Afrikaanse en meer algemeen zwarte cultuur worden niet enkel via de Europese haute couture en prêt-à-porter in de westerse mode geïmporteerd. Ook een aantal ontwerpers met Afrikaanse roots vertalen deze cultuur, zij het vanuit een andere invalshoek. Ontwerpers zoals Ozwald Boateng en XULY.Bët werken minder met etnische elementen, maar vallen eerder op door hun kleurenpalet, materiaalgebruik en een zekere 'attitude'. Ozwald Boateng, van Ghanese afkomst en sinds 2003 creatief directeur van het Franse huis Givenchy, leerde de finesses van het kleermakersvak kennen in Savile Row, de beroemde Londense straat die 's lands beste kleermakers huisvest. Boateng legt zich toe op het meest traditionele kledingstuk uit de moderne westerse garderobe: het maatpak. Zijn Afrikaanse roots zijn echter terug te vinden in het gebruik van een uitbundig kleurenpalet en meer extravagante textielen als satijn of zijde. Vaak worden deze elementen subtiel verwerkt in de voering van een jasje of in accessoires als de das. Boateng is erin geslaagd het maatpak weer een zekere coole uitstraling te bezorgen en dat is vooral te danken aan de manier waarop hij zijn eigen kleurrijke mode belichaamt. Hij verschijnt in de media en bij de begroeting aan het einde van zijn defilés steeds in onberispelijk kostuum, vaak in een opvallende kleur.

De Afrikaanse tegenhanger van het westerse maat-pak is de *boubou*, eveneens driedelig en samenge-steld uit een broek, blouse, lange kaftan en eventu-eel een langwerpig, opplooibaar hoofddeksel. De Ghanese ontwerper Tetteh Adzedu leidt vanuit Accra zijn eigen modehuis Adzedu of Shapes, waar hij traditionele *boubou*'s vervaardigt. Hij omschrijft zichzelf als een 'militant van de traditie' en wordt geprezen voor zijn opwaardering en modernisering van de traditionele *boubou*, erg in trek bij Ghanese popsterren en staatshoofden.

Een heel bijzondere interpretatie van de *boubou* krijgen we van de in Antwerpen geschoolde ont-werper Bernhard Willhelm. Voor het defilé van zijn mannencollectie winter 2005-2006 werden de modellen gecast in een Parijse afdeling van de win-kel Footlocker. Een aantal van de jasjes lijkt geïn-spireerd op enerzijds de *boubou* en anderzijds de *bomber*-jas. Willhelms exotisme is in deze collectie niet gebaseerd op zuiver etnische elementen, maar eerder geïnspireerd door de *street wear*-stijlen of *ghetto glamour* van de Parijse voorsteden.

De tentoonstelling **BEYOND DESIRE** sluit af met een winkel van de ontwerper XULY.Bët. Sinds de oprichting van zijn label in 1989 concipieert deze zijn winkels als veelzijdige en modulaire ruimtes waarbij de grafische vormgeving de intensiteit van de aanwezige kleuren versterkt. In opdracht van het MoMu ontwierp XULY.Bët, die architectuur studeer-de alvorens zich toe te leggen op mode, een shop in de geest van zijn 'Funkin' Fashion' Universum' in samenwerking met het ontwerpersduo Cathérine en Jérôme Clermont.
In Wolof betekent XULY.Bët *'ouvre grand l'œil'*: kijk en word bekeken, neem deel aan het spel van kijken en verleiden. **BEYOND DESIRE...**

Kaat Debo

1. Zie: Ulrich Lehmann. *Tigersprung. Fashion in Modernity*. The MIT Press. Cambridge, Massachusetts I London, England, 2000, p. 372-385.

2. Met dank aan Hugo De Block voor advies.

Christian Dior by John Galliano
Defilé | Show Haute Couture
zomer | summer 1997, backstage

00.BEYOND DESIRE: INTRODUCTION

BEYOND DESIRE looks into what happens on the surface when two cultures meet and how they can meaningfully engage. The exchange between African – more specifically, black – culture on the one hand and western and European culture on the other is central to this exhibition. The starting point is the notion of *desire*, a theme seldom if ever touched on in most of the discourse on cultural exchange or globalization. Inherent in all desire is a measure of fantasy, which guides our eye and forms or deforms our image of 'the other'. Here, fashion is a superb gauge. It is accessible, driven by unlimited fantasy, free from any form of politically correct thinking, decorative and superficial, yet, at the same time, it is deeply rooted in our cultural and social subconscious. **BEYOND DESIRE** shows how two cultures can each adopt the visual language of the other as their own and how their respective longings are projected through fashion and clothing in their fantasy image of this 'other'. The exhibition setting by Bob Verhelst interprets this exchange in a labyrinthine structure, creating successive new interfaces. Galleries and walls do not separate, but carry the visitor along a whimsical course. At different stages of the route, peep-holes allow visitors not only a view of the next segment of the exhibition, but also of the others present in the space. Mirrors have been mounted on various walls. The visitor spies on, looks at and is in turn looked at. The mirrored walls double the exhibition space, creating a parallel scenography that, while misleading and confusing, equally provides new perspectives.

In 1997, the house of Dior launched its new 'Diorific' lipstick. The campaign visuals for this collection show a Caucasian model wearing a top hat decorated with African-inspired, wooden sculptures. Their 1997 Spring/Summer haute couture collection, in addition to Asian influences, included a series of silhouettes inspired by the East African Masai. According to the press release, the Masai elements refer to an Africa that is at once both cruel and fascinating, with a strong sense of colour and design. The signature of John Galliano, a mix of diverse cultures and historical styles combined with the French elegance of the house of Dior, is more than abundantly evident in this collection. Galliano's sources of inspiration are often instantly recognized as ethnic or historical. The strength of his theatrical visual language indeed lies in his intentional confusion of certain archetypal images. The Diorific campaign imagery is a good example.

Two symbols from the 20th-century western wardrobe now come together in a single image: the top hat, archetypical of the European male silhouette, and the pearl necklace, the classic accessory for the feminine ensemble. The top hat, impossible to dismiss from our image of a Parisian street in the 1800s, is probably the ultimate symbol of 19th-century bourgeois society and morals.[1] It is therefore also somewhat surprising that, by the early 20th century, it was precisely this headgear that would serve as a metaphor for modernity and progressive thinking. This can be explained by two things. First, the cylindrical structure was allied to the smokestack of the steam locomotive, which in its turn was archetypical of industrial progress. On the other hand, the top hat's clean lines and pure form were easy to abstract and apply to the visual imagery of successive art movements at the beginning of the previous century. The top hat is an interpretation of the ambiguity so inherent in the modernist project. It embodies the tension between the restorative and the revolutionary, whereby the old already bears within it the germ of the new.

Galliano takes this ambiguity one step further. The loaded image of the hat, worn here by a woman, is combined with an African archetype. The white, wooden headgear from the 'Diorific' campaign seems inspired by an African chair that, as well as being a status symbol for kings and tribal chieftains, is a decorative element *par excellence*. The feminine sculptures supporting the chair are a reference to the royal, maternal lineage and as such, serve to legitimize the power of the king.[2]

The African-inspired silhouettes from the 1997 collection all build further on this play with archetypical images. Multi-coloured, pearly corsets, reserved by the Masai for their bravest warriors, are combined by John Galliano with elegant evening gowns executed in luxurious fabrics, such as black lace or hand-painted silk. The corset, an indispensable part of 19th-century dress, is no longer worn beneath, but as a decorative accessory over, the dress.

Throughout the 20th century, Africa remained a rewarding source of inspiration for western fashion. Sexuality was a consistently important element, probably due to the white colonizer's mistaken interpretation of African nudity. Today, this is no longer interpreted as immoral or licentious. Yet it is apparent in today's western fashions that such erotic projection is still present, alive and flourishing in our subconscious. The use, therefore, of leopard-skin motifs in western fashion is perhaps one of the most self-evident clichés associated with Africa. The black woman as a 'wild cat' and the implicit sexual connotations of these motifs still inform the design of fashions with sexy intent.

Yves Saint Laurent's 1967 Summer collection included several 'African' dresses. According to *Harper's Bazaar* (March, 1967), 'a fantasy of primitive genius – shells and jungle jewellery clustered to cover the bosom and hips, latticed to bare the midriff'. Beads, pearls and raffia were worked into sexy mini-dresses. The mini-dress, the prime symbol of the European sexual revolution, was executed in beadwork that partially exposed the stomach. In this way, the erotic power of attraction emitted by the African continent was applied in full force in the struggle for emancipation in the France of the late 1960s. The video, 'Les jeux sont faits' (Gaumont Pathé Archives), is a clear illustration of Saint Laurent's 1960s exoticism. Several white models with bizarre, pseudo-African hairdos, dressed in Saint Laurent's Africa dresses, are playing chess. The pawns in the chess game have been replaced by miniature statues of giraffes, zebras and mon-

keys. The game is played provocatively. The clearly erotic undertone of the film is moreover additionally strengthened by close-ups of beaded, pointed bras or a dress with two rows of ivory teeth at stomach level. The model wearing this dress rocks softly back and forth, making the teeth grind together like the jaws of a wild beast.

Elements from Africa and black cultures in general are not only imported into western fashion by way of European haute couture and prêt-à-porter. A number of designers with African roots also interpret these cultures, albeit from a different point of departure. Designers such as Ozwald Boateng and XULY.Bët work less with ethnic elements, but draw attention because of their colour palette, use of materials and postulation of a certain 'attitude'. Ozwald Boateng, of Ghanaian descent and since 2003 creative director for the French house of Givenchy, learned the tricks of the tailor's trade on Savile Row, the famous London street that houses the country's finest clothiers. Boateng has devoted himself to the most traditional garment in the modern western wardrobe: the made-to-measure suit. His African roots are to be found in his use of an expressive palette and more extravagant fabrics, such as satin or silk. These elements are often subtly worked into the lining of a jacket, or accessories such as the tie. Boateng has successfully brought a certain 'cool' back into the three-piece suit, and this is especially thanks to the way he himself embodies his own, colourful fashion. In the media and at his fashion shows, he inevitably appears impeccably garbed, often in a striking colour.

The African counterpart to the tailored suit of the west is the *boubou*, also three-pieced and made up of trousers, blouse, a long caftan and sometimes an elongated, pleated headdress. From Accra, Ghanaian designer Tetteh Adzedu leads his own fashion house, 'Adzedu of Shapes', where he creates traditional *boubous*. He describes himself as a 'militant of the tradition' and is lauded for upgrading and modernizing the traditional *boubou*, now very much in vogue with Ghanaian pop stars and heads of state.

In January 2005, Antwerp-trained designer Bernhard Willhelm presented a most exceptional interpretation of the *boubou*. For his Autumn-Winter 2005-2006 Men's show, his models were cast in a Parisian branch of Footlocker. Several of his jackets seem to be inspired by the *boubou* on the one hand and the bomber jacket on the other. Willhelm's exoticism in this collection is not inspired by purely ethnic elements, but rather by the streetwear styles or ghetto glamour of the Parisian suburbs.

BEYOND DESIRE is rounded off with a shop by designer XULY.Bët. Since establishing his label in 1989, he has conceived his boutiques as many-sided and modular spaces in which graphic design reinforces the intensity of the colours employed. At MoMu's request, XULY.Bët, who studied architecture before devoting himself to fashion, has designed a shop along the lines of his 'Funkin' Fashion Universe', here completed in collaboration with the design duo of Cathérine and Jérôme Clermont. In Wolof, XULY.Bët means 'Ouvre grand l'oeil', or Look at Me – look and be looked at; partake of the game of looking, seduction, **BEYOND DESIRE...**

Kaat Debo

1. See: Ulrich Lehmann. *Tigersprung: Fashion in Modernity*.
The MIT Press. Cambridge, Massachusetts | London, England, 2000, p. 372-385.

2. With thanks to Hugo De Block for his thoughtful insights.

chapeaus mécaniques" (1823), mais cette ingénieuse coiffure fut tellement perfectionnée par Gibus, un Français, celui-là, qu'elle a gardé son nom.

Les croquis ci-contre nous racontent mieux que les descriptions les plus circonstanciées le passé du chapeau haut de forme, les phases qu'il a traversées, les modifications qu'il a subies; parlons plutôt de son avenir puisque : « C'est une institution stable », déclare Stéphane Mallarmé dans sa réponse à la question que posait *le Figaro* à l'occasion de ce centenaire.

Cette opinion est probablement juste: on pourrait au premier abord soupçonner M. Mallarmé de partialité pour le chapeau haut de forme, car, seul parmi les hommes de lettres et les artistes consultés par *le Figaro*, il ne le trouve « ni beau ni laid »; mais on ne partage sa confiance dans l'avenir de cette coiffure tant décriée quand on lit les réponses de MM. J. Lemaître, Larroumet, Claretie, Carolus, Duran, qui, tout en déclarant que le chapeau haut de forme est « ignoble », « ne répond à aucune des conditions exigées par une coiffure pratique et agréable : ne protège pas contre le soleil et la pluie, s'abîme vite, offre un aspect déplaisant; est de toute manière condamné par les principes de l'art décoratifs », « fort laid, incommode, pesant, migraineigénc », « le dernier mot de l'horrible » enfin, ne trouvent cependant rien à lui préférer.

Dans leur ardeur à démolir leur chapeau — est-ce par esprit de corps, pour nous faire croire que le sexe laid le serait moins s'il était mieux coiffé ? — ces messieurs exagèrent un peu.

Qu'on le trouve vilain, ce chapeau, c'est affaire de goût : *le Temps* déclare « qu'il a le mérite de s'harmoniser par sa géométrie cylindrique avec le double étui où les messieurs logent leurs jambes ». C'est un point de vue; il n'est pas même nécessaire d'avoir des raisons si précises pour trouver cette coiffure acceptable. Mais pesant ? Un chapeau haut de forme bien fait ne l'est pas plus que le canotier, que le chapeau de feutre ferme à calotte un peu haute carrée, seul le chapeau de feutre souple vaut mieux à ce point de vue. Facile à abîmer ? Voici qui devient tout à fait injuste; le chapeau de soie au contraire est le plus résistant de tous malgré son apparente fragilité. Si M. Félix Faure en use une douzaine par an ainsi que nous l'a révélé M. Léo Claretie, c'est qu'il est d'une parfaite correction non dépourvue de coquetterie » et qu'il a « toujours montré un souci particulier de sa coiffure; pendant sa carrière de député et de ministre, il avait constamment un en-cas neuf en réserve chez son chapelier afin d'opérer une substitution immédiate dès que le chapeau en cours d'usage révélait la moindre tare à son observation méticuleuse ».

Notez aussi que le rôle du chapeau d'un président de la République est particulièrement actif; ne doit-il pas s'incliner « un nombre incalculable de fois devant un peuple souverain. A cet exercice souvent répété, il subit d'inévitables avaries; le bord, notamment à l'endroit où la main le saisit, faiblit et se gondole piteusement. Aussi ne sera-t-on pas étonné d'apprendre qu'à la suite des fêtes franco-russes et de la grande revue de Châlons, M. Félix Faure ait invité son chapelier à renforcer cette partie de son chapeau ».

M. Faure n'est pas le premier homme politique qui ait attaché une certaine importance à sa coiffure; « le duc de Morny, qui avait, on le sait, la réputation d'une parfaite fashionable, estima, quand il devint président du Corps législatif, qu'il convenait de modifier la forme de ses chapeaux, afin de les mieux approprier à la gravité de sa haute fonction; il s'en ouvrit à son chapelier, lui expliquant qu'il désirait quelque chose de plus sévère, mais sans exagération. — Parfaitement! répondit l'homme de l'art, après un instant de méditation, je vois ce qu'il faut à Votre Excellence : un chapeau sérieux.... avec un peu de gaieté dans les bords.... »

Mais laissons le rôle politique du chapeau de soie, nous parlions de sa solidité; on ne lui rend pas assez justice; tandis que le feutre rougit ou verdit à l'air au bout de quelque temps, et irrémédiablement, la peluche d'un chapeau de soie peut être remise à neuf à plusieurs reprises par un habile coup de fer; c'est si vrai que la refaçon des vieux chapeaux en chapeaux neufs est une industrie florissante, paraît-il; moyennant ce

coup de fer et le changement de la coiffe; des rubans qui entourent la calotte et bordent la passe, on arrive à faire d'un vieux chapeau donné au chiffonnier un chapeau présentable qui peut presque passer pour neuf. Tandis que pour enlever la poussière d'un chapeau de feutre, il faut l'énergie de la brosse qui l'use tout en le nettoyant et lui donne bientôt un aspect râpé, il suffit de caresser doucement le chapeau de soie avec ce petit carré de velours que les chapeliers nomment un *bichon*, pour lui rendre tout son lustre. A-t-il été un peu maltraité, on passe sur le bichon, avant de s'en servir pour lisser la peluche, une sorte de savon à base de pétroléine. On vend aussi une sorte de composition liquide, une espèce de vernis qui donne aux chapeaux un brillant excessif, très laid du reste.

Un homme élégant ne portera pas plus un chapeau ainsi astiqué qu'un plastron de chemise exagérément glacé, d'un brillant de porcelaine, que quelques personnes croient le dernier mot de la perfection du repassage.

Si on ne se coiffe pas dès le matin d'un chapeau haut de forme, à moins qu'on ne soit un vieux monsieur ou qu'on ait une profession qui oblige à arborer dès le matin une tenue rigoureusement correcte, ce n'est donc pas par fragilité, mais mode : le chapeau haute et sont de plus en ment adopté du matin avec le peau haut de forcplément d'une accompagne la ja-

dingote, tenue de promenade l'a cet, malgré les cri il est l'objet, que pas prés de

visites, de prés - midi tiques dont ère n'est finir.

❋

Chronique Parisienne

Quelle belle et bonne musique ont eu la joie d'entendre ceux qui assistaient le 22 janvier, chez Pleyel, au deuxième grand concert donné par les « Petites Auditions »! Les trois salles qui s'ouvrent, dans les grands jours, sur la même scène, étaient insuffisantes pour contenir le public de choix attiré par les noms inscrits sur le programme et c'est dans un silence religieux, avec un plaisir de dilettante, qu'on goûta le dixième des douze concertos de Leclair.

gés par M. Marcel Herweg, le maître bien connu, au talent si grand et si pur, dont le violon sait rendre d'exquises vibrations qui vont à l'âme.

C'était la première audition de ce joyau musical, rendu avec la perfection qu'on devine, par des artistes tels que MM. Herweg, Grétry, Schikell, Gurt, A. Guilmant et Van Waefelghem. Le piano était tenu par Mme Marie de Lévenoff, la remarquable pianiste qui avait fait elle-même la basse chiffrée de l'accompagnement d'orgue de cette pièce; puis, M. Van Waefelghem obtint un réel succès dans l'*Andante* et le *Menuet* de Milandre, joués avec infiniment de goût, si chantant, si harmonieux, que la mode du jour traite en faveur après l'avoir si longtemps délaissé.

M. Judels de sa voix large et si joliment timbrée chanta : *Près du soir* et *O Monts majestueux* (première audition) de E. Lacroix et de charmantes « mélodies populaires de BasseBretagne », recueillies et harmonisées par Bourgault - Ducoudray.

Les chanteurs de Saint-Gervais furent très particulièrement applaudis dans de vieilles chansons françaises du XVIe siècle.

Le troisième trio de Lalo pour piano, violon et violoncelle, admirablement exécuté par MM. Philipp, Herweg et Casella, termina cet excellent concert qui sera suivi de beaucoup d'autres, car sous le modeste titre des « Petites Auditions », vient de se former une « association française de décentralisation musicale », mettant à la portée de tous, pour une faible somme, aussi bien en province qu'à Paris, le moyen d'entendre des concerts donnés par les meilleurs artistes.

Le directeur n'est autre que le sympathique M. Herweg qui avec un zèle inlassable cherche à développer le goût musical et à mettre en lumière les œuvres ignorées ou insuffisamment connues des maîtres anciens et modernes.

Il réussira sûrement dans la mission qu'il s'est tracée, car la musique se fait de plus en plus large place, et afin de répondre à ces tendances actuelles, de tous les côtés se fondent des Cours. Parmi les meilleurs on peut citer celui de musique d'ensemble : duos, trios, etc... que vient d'ouvrir, chez lui, 16, rue de La Bruyère, M. René Samson, premier violon de l'Opéra-Comique. Cet excellent artiste, veut bien prêter également son concours à l'organisation de la partie musicale de toutes soirées ou réunions mondaines; celles de vous, mesdames, qui assistaient à la délicieuse fête de famille dont l'arbre de Noël de la *Mode Pratique* était le prétexte ont pu s'en convaincre et apprécier son talent.

❋

Il est plus important d'avoir un bon orchestre habilement dirigé, aux accords charmeurs, aux valses charmeuses, qui est en partie le succès d'une soirée. C'est ce qu'avaient compris les organisateurs d'un très beau bal donné le samedi 30 janvier en l'hôtel de la rue de Ponthieu, en choisissant M. Alkan pour diriger l'orchestre, à cette fête des plus brillantes. Nous avons pu relever, au milieu des représentants des familles les plus considérables des Charentes et du Poitou, les noms de MM. André Lebon, ministre des colonies; Guillemet, questeur c la Chambre des députés; et Thonnard du Temple, député de la Vienne, etc. Précédant les danses qui ne commencèrent qu'à minuit, un très beau concert et une charmante comédie jouée à ravir par deux artistes des Bouffes-Parisiens réunirent en la salle du Théâtre-Blanc les nombreux invités.

Au programme du concert, réelles attractions : Mme Léa Maujan qui dit avec l'ampleur de geste et le talent qu'on lui connaît : « l'Aigle du Casque » de Victor Hugo; Mme Saillard-Dietz; Mlle Juliette Dantin; Mme Simone d'Armand et M. Judels.

Est-il un établissement mieux compris pour « recevoir » et pour servir de cadre à de si multiples distractions, que ce joli hôte particulier de la rue de Ponthieu, ouvrant à volonté sur le Théâtre-Blanc et, en cas d'insuffisance, sur l'immense salle des fêtes du vaste Garde-Meuble où

se peuvent dresser plus de mille couverts. Aussi les fêtes de toutes sortes s'y succèdent-elles sans trêve.

La liste serait trop longue si je devais citer toutes celles qui sont projetées au tableau de location; d'ailleurs, vous pourrez vous-même jeter un regard curieux sur le calendrier mondain. N'est-il pas tout indiqué, en faisant une promenade sur l'avenue des Champs-Elysées, d'aller au 72 visiter l'exposition sans cesse renouvelée ? D'autant que les directeurs viennent de terminer l'inventaire et qu'ils donnent là des prix vraiment dérisoires toutes marchandises en magasin. En

1re République.
Chapeau d'incroyable.

1878.

1802.

1897.

1821.

1840.

1870.

1810.

1810.

1840.

1re République.

1re République.

1815.

1808.

1854.

1825.

1852.

1882.

1821.

1857.

1860.

1850.

1830.

1864.

Yohji Yamamoto, 1988

STRICTLY (1991)

Foto | Photo: Jason Evans | Styling: Simon Foxton

"Strictly toont de portretten van een aantal zwarte modellen, gekleed in uiteenlopende outfits gaande van maatpak tot 'street wear' en traditionele kledij en dit tegen de achtergrond van Engelse voorsteden. De fotoreeks benadrukt de onmogelijkheid om door middel van kleding een coherente sociale identiteit uit te drukken. De notie 'diversiteit' treedt hier naar voor als een positieve impuls voor culturele expressie."

"In 'Strictly' a series of black models are posed in a variety of garments ranging from Savile Row tailoring to streetstyle and traditional dress, against the backdrop of the English suburbs. The shoot underlines the impossibility of a coherent sartorial or social identity and offers up the notion of 'difference' as a positive engine for cultural expression."

Christopher Breward. Fashion and Identity. In: Fashion. Oxford University Press, 2003

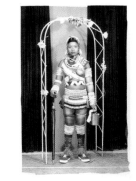

30

Studiofotografie | Studio photography
Z.J.S. Ndimande & Son, Greytown-Natal, Zuid-Afrika | South-Africa, 1971-1977
Privé-verzameling | Private collection

Z.J.S. Ndimande & Son | Greytown-Natal | Zuid-Afrika | 1971-1977
Privé verzameling | Collection privée | Private collection

'Beyond Desire', MoMu, 2005

Herzekiah Andrew Shanu, 1858-1905
Briefkaart | postcard
Koninklijk Museum voor Midden-Afrika, Tervuren, Inv. 65.14.273

Samuel, 1893
Briefkaart | postcard
Koninklijk Museum voor Midden-Afrika, Tervuren, Inv. 71.49.465

Charles De Gaulle 1890-1970
Hollandse wax | Dutch wax
Vlisco Museum Helmond

NUIT DE NOËL (Club-Happy) 1963

Foto | Photo: Malick Sidibé

Kerstnacht | Christmas night (Club-Happy), 1963
Courtesy Fifty One Fine Art Photography

weekend
Knack

België
het nieuwe Frankrijk

Antwerps motto
Diamonds are a girl's best friend

Het MoMu
opening van een nieuw Mode Museum ?

René Magritte
Legendary Night @ Cafe d'Anvers

MODE

Dries van Noten • Ann Demeulemeester •
Dirk Bikkembergs • Walter van Beirendonck •
Martin Margiela • Dirk van Saene
De Antwerpse Zes en de Metamorfose van burgemeester Leona Detiège

Iké Udé
Fictieve cover voor
het Belgische weekblad
'Weekend Knack' |
Fake cover for Belgian
magazine 'Weekend Knack',
2002
Courtesy Fifty One
Fine Art Photography

01.HOW DO YOU LIKE ME NOW?

Een aantal jaren geleden hingen overal in Antwerpen affiches met een reproductie van een *Weekend Knack*-cover. Op deze cover, die voor verwarring zorgde bij mensen die dit populaire mode- en lifestyleblad kennen – er was immers geen overeenkomstige versie in de winkels te koop –, prijkte de in Nigeria geboren en in New York werkende kunstenaar Iké Udé, minutieus verkleed als dandy. Dit project was een onderdeel van Iké Udés langlopende *Cover Girl*-reeks (1994-nu), waarbij de kunstenaar zijn portret laat afdrukken op de covers van *Vogue, Elle, Cosmopolitan, Town and Country* en tal van andere mode- en lifestylebladen en dit 'nauwgezet gefatsoeneerd en opgemaakt, [in] een minutieus gekozen pose, opgenomen in een professionele fotostudio, het resultaat waar nodig geretoucheerd om het perfecte object van verlangen te produceren'.[1]

Met *Cover Girl* creëert Iké Udé een platform waarop obsessief een steeds opnieuw geformuleerd beeld van het ideale zelf wordt getoond. Door deze covers – de ultieme eregalerij, maar ook het glibberige terrein van het virtuele en de schijn – met zijn zelfportret te tooien, onderneemt Iké Udé een 'ambitieus onderzoek naar representatievormen zoals die voorkomen op tijdschriftencovers die al te vaak een eenzijdige visie op schoonheid vertonen. Nog belangrijker is dat hij dit onderzoek niet alleen voert om het beeld van Afrika als een poel van ellende, waar het sinistere op de loer ligt, te doorprikken, maar ook om een beeld van Afrika als "een plaats van schoonheid" te propageren.'[2]

In teksten over het werk van Iké Udé wordt meestal de nadruk gelegd op de modieuze, voyeuristische verschuiving van de aandacht van het afgebeelde object naar de herkomst en het ras van het subject. Van een in Nigeria geboren en in New York werkend kunstenaar wordt bijna vanzelfsprekend verwacht dat hij kunst maakt waarin zijn hybride identiteit centraal staat. Dat doet hij door de stereotypen van ras en geslacht te ondermijnen en te manipuleren en door de gecentraliseerde macht van de publieke forums van de westerse media, zoals tijdschriftencovers en filmaffiches, te ontregelen. In zekere zin is het onmogelijk om Udé's foto's en objecten los te zien van zijn geconstrueerde personage. Als we kijken naar zijn *Cover Girl*-reeks of zijn gemanipuleerde overhemden (*Beyond Decorum*) met seksueel uiterst expliciete advertenties als label, functioneren deze bovendien als aanduidingen van Udé's ongrijpbare persoonlijkheid en lijkt hij kritiek te leveren op het idee dat het uiterlijk de gedachten en het gedrag determineert. Het blijkt echter allemaal complexer te zijn. Udé is ook in een meer formele context gefascineerd door schoonheid en versiering. Als dandy verkiest hij het artificiële boven het natuurlijke en verwerpt hij het 'zijn' ten voordele van een intens doorleefde 'schijn' als enige tastbare realiteit. Met zijn fascinatie voor cosmetica en maskerade ridiculiseert hij tegelijkertijd elke aanspraak op authenticiteit of natuurlijkheid. Door een aantal aspecten van de westerse visuele cultuur te herschikken en op te nemen in een spel van veranderlijke en onderling verwisselbare beelden, kenschetst hij op een welhaast tragische manier het heden als een complexe en onzekere ruimte, waarin herkomst achterhaald is. Udé wordt de *cover girl* die op elke nieuwe cover van identiteit verandert. Udé ondermijnt het idee dat 'de cyclus van de kunst' voltooid wordt in de esthetische werkelijkheid van het tonen met wat Okwui Enwezor beschouwde als de 'Afrikaanse' artistieke strategie om het object permanent te verschuiven en ook gebruik te maken van niet-visuele codes en performatieve acties, vooral door middel van woordspelingen en aforistische uitspraken.[3]

Iké Udé hanteert de notie van dandy ook als een reflectie op met de kunstproductie verbonden persoonlijke mythologieën. In het werk van Udé zijn het precies de investering in het ik, de trefzekere preoccupatie met kleren en de drang om tekens verder dan elke realiteitszin te manipuleren, die het artistieke uitgangspunt worden waaraan de foto's en objecten refereren.[4] 'Iemand kan zich ideeën vormen van zichzelf, maar deze ideeën kunnen totaal tegengesteld zijn aan wat andere mensen denken van de persoon in kwestie. Parallel daaraan wordt een idee als "eigenliefde" als antisociaal beschouwd, hoewel ieder van ons op een of andere manier van zichzelf houdt. De moed die nodig is om die "eigenliefde" (narcisme?) te tonen, gekoppeld aan het geaccepteerde gedrag van duidelijk niet om zichzelf te geven (bescheidenheid), genereert daarom een ambivalentie die ik het "bekeken zelf" zal noemen. Van wie is het zelf? Van de openbaarheid of van het zelf?'[5]

Dit wordt nog moeilijker als we het relateren aan huidskleur. Op een vreemde manier lijkt het voor een kijker of toeschouwer onmogelijk zich te identificeren met het beeld van een persoon met een andere huidskleur. Dat is waarschijnlijk de belangrijkste reden waarom de afgebeelde persoon dit 'bekeken zelf' zelf moet opeisen. In de koloniale fotografie kreeg de bekeken persoon geen status van een 'zelf', want hij moest beantwoorden aan de fictie van een algemeen 'type'. In Afrikaanse studiofoto's echter is de fotograaf de medeplichtige van het 'bekeken zelf' door props, achtergronden en decors in te zetten om een personage te creëren. We kunnen ons afvragen of Udé's artistieke onderneming gerelateerd is aan deze traditie van de Afrikaanse studiofotografie, waarbij de geportretteerde beschikbare kleren en accessoires leent om duidelijk te maken hoe hij gezien wil worden. Het spelen van een rol wordt synoniem met het bepalen van een eigen identiteit. Ook hier eist de gefotografeerde het gewenste beeld van zichzelf op en verhindert hij dat het beeld gedetermineerd wordt door de blik van een dominante cultuur. In de meer zelfbewuste, artistieke benadering van mensen als Samuel Fosso, Yinka Shonibare, Moshekwa Langa en Iké Udé leidt dit tot het zelfportret.

In zekere zin is de door Udé's *Cover Girl*-reeks veroorzaakte verwarring vergelijkbaar met die van sommige foto's van Yinka Shonibare uit de reeks *Diary of a Victorian Dandy*, waarin deze voor het eerst het onbehaaglijke gevoel weet te evoceren

dat blanken hebben als oorspronkelijk door hen ingenomen plaatsen door zwarten worden bezet, als 'de Congo de Akropolis overspoelt'. (Een van de weinige interessante theses die in de laatste Documenta in Kassel werden opgeworpen, was het alomtegenwoordige zwarte lichaam verheven als norm).

Op een van de foto's van Shonibare zien we de dandy (gespeeld door de kunstenaar zelf) nadat hij een lezing heeft gegeven in een negentiende-eeuwse Britse club. Hij heeft net gesproken en wacht nog even op de felicitaties, maar zijn toehoorders, en zelfs de dienstbodes (allemaal blank) lachen. Om de dandy? Om wat hij heeft gezegd? Of om de 'neger'? Eén ding is zeker: ook al wil hij dat niet, een blanke toeschouwer kan zich alleen maar identificeren met de blanken die de dandy uitlachen; net zoals gekleurde mensen zich alleen maar kunnen identificeren met de persoon die wordt uitgelachen. Shonibare construeerde een buitengewoon beeld dat een platform wordt van opgeëiste maar, door het dwingende keurslijf van het ras, niet-vervulde wensen. De *Cover Girl*-reeks werkt op dezelfde manier, in de zin dat ze reflecteert op de visualisering van een 'attitude', zowel in de traditie van de studiofotografie als in de creatie van een *cover girl* door de editor/coverontwerper, en op hoe deze als een compensatiestrategie wordt ingezet, maar dan wel met tegengestelde bedoelingen.

De opeising van het 'bekeken zelf' is gericht op de (on)mogelijkheid van culturele overdracht binnen een globale economie van verlangen en doet daarbij een beroep op noties als 'uiterlijk', 'exotisme' en 'ontoegankelijkheid'. Hier rijst de vraag: hoe kan wat aan de oppervlakte gebeurt als 'verschillende culturen' elkaar ontmoeten betekenisvol zijn? Het uiteindelijke doel van ons verlangen is niet de bevrediging van een behoefte, maar de erkenning van de attitude van de ander tegenover het ik. Onderworpen aan de blik die het subject decentraliseert, is de attitude op een ambivalente, compenserende manier gerelateerd aan die starende blik, die als vorm van onpersoonlijk kijken alomtegenwoordig lijkt in een wereldwijd wassenbeeldenspel.

In een tijd waarin de culturele wereld geobsedeerd is door thema's als globalisering, postkolonialisme en herstel van historische schuld, vormt het verlangen zelden het uitgangspunt voor onderzoek, denkprocessen of visualisering in de vorm van een tentoonstelling. Hoewel het thema volgens mij zou kunnen bijdragen tot de onderkoelde discussies over de toe-eigening van de elementen van de zogenaamde 'dominante' cultuur, versus het gebruik en de toe-eigening van de ervaringen en culturele praktijken van de gedomineerde groep. Het biedt ook een uitweg uit de evidentie van de huidige beeldcultuur, waarin representatie, tekens, taal, uitingen of gebaren steeds opnieuw worden gerecupereerd, tot het moment komt waarop de recuperatie het substituut wordt van de realiteit en dat men begint te denken dat ze het reële ding is.

Een deconstructie van deze problematiek door onder het oppervlak van de dingen te gaan kijken en te focussen op de context of op de 'juiste' verhalen (die in machtsverhoudingen altijd ondergeschikt zullen blijven), houdt geen rekening met het perverse van de ontmoeting, met een impliciet conflictueuze kortstondigheid van aandacht. Als een efficiënte component van de modernisering, genereert de performatieve display een kortstondige bevriezing van de blik, een tijdelijke immobilisatie in een permanent werkende economie van aantrekking/verstrooiing. Dit komt in alle aspecten tot uiting in de mode. Daarom is het fenomeen mode in het werk van Iké Udé veeleer een katalysator dan het vertrekpunt van een voorstelling. De kunstenaar verkiest de soms gefetisjiseerde ruimte van de zogenaamde hybriditeit in te nemen, niet om deze ruimte te bekritiseren, maar om zich uiteindelijk de daarmee verbonden obsessies toe te eigenen.

Philippe Pirotte

1. Oguibe, Olu, 'Cover Girl', in Iké Udé, Artist and Publisher. Olu Oguibe's Guest of the Month, http://www.camwood.org/guest.htm, 14 februari 2005.

2. Enwezor, Okwui, 'Between Worlds: Postmodernism and African Artists in the Western Metropolis', in Okwui Enwezor & Olu Oguibe, Reading the Contemporary, African Art from Theory to the Marketplace, Londen, in IVA, 1999, p. 256.

3. Enwezor, Okwui, 'Where, What, Who, When: A Few Notes on "African" Conceptualism', in: Global Conceptualism: Points of Origin, 1950s-1980s, New York, Queens Museum of Art, 1999, p. 110.

4. De nadruk op het oppervlak is nog explicieter in de 'Uli'-foto's van zwarte en witte naakten, waarbij de aandacht wordt gericht op de huid door ze te beschilderen met decoratieve patronen in een contrasterende kleur.

5. Udé, Iké, 'The Regarded Self', in: Nka: Journal of Contemporary African Art, herfst/winter, 1995.

'Beyond Desire', MoMu, 2005
Courtesy Fifty One Fine Art Photography

01.HOW DO YOU LIKE ME NOW?

A few years ago, a replica of a *Weekend Knack* cover was spread as a poster in the city of Antwerp. Disturbing the perception of people used to this very popular fashion and lifestyle magazine, the cover – without a corresponding version to be found in the shops – featured the Nigerian born, New York-based artist Iké Udé meticulously disguised as a dandy. This project was part of Iké Udé's 'Cover Girl' series (1994-present) in which the artist superimposes his self-portrait on the covers of *Vogue, Elle, Cosmopolitan, Town and Country* and many other fashion and lifestyle magazines, 'carefully groomed and made-up, pose meticulously chosen, studio photograph shot with professional care and the result retouched where and as necessary with the intent to produce the perfect object of desire.'[1]

With 'Cover Girl' Iké Udé reclaims a stage that obsessively introduces a continually reformulated, projected image of the idealized self. Invading the magazine covers – the ultimate hall of fame but at the same time the slippery terrain of the virtual and the simulacral – with his self-portrait, Iké Udé undertakes an 'ambitious interrogation of modes of representation gleaned from magazine covers that too frequently represent a one-sided idea of beauty. But most importantly, he uses this interrogation not only to excoriate the representation of Africa as the backwater in which the sinister lurks, but also to reclaim her as a "site of beauty".[2]'

Most of the discourse elaborated around Iké Udé's art embraces the fashionable, voyeuristic displacement of attention from the object of representation towards the origins and constitution of its subject. As a Nigerian-born artist now living in New York, it is almost expected from Udé that his art will celebrate a hybrid identity. He does this by subverting and manipulating stereotypes of race and gender; by dislocating the centralized power of the public forums of Western media, such as magazine covers and movie posters. In a certain way it is indeed impossible to disconnect Udé's photography and

objects from his constructed persona. Moreover, when looking at his 'Cover Girl' series, or his altered business shirts ('Beyond Decorum') with sexually explicit ads as labels, they function as the indexes of Udé's ungraspable personage and it seems that he criticizes the idea that appearance determines thought or behaviour. But things turn out to be more complex than that. Udé is preoccupied with beauty and adornment in a more formal context. As a dandy, he prefers the artificial to the natural and disqualifies 'being' in favor of a lived 'appearance' as the only tangible reality. At the same time, his fascination with cosmetics and masquerade renders ridiculous all claims of authenticity or naturalness. Rearranging some of the evidence of Western visual culture in a play of floating and interchangeable images, he almost tragically asserts the state of the now as a complex and uncertain space, in which origin becomes obsolete. Udé becomes the 'cover girl', changing identity from cover to cover. He underscores the idea of the 'cycle of art' completed in the aesthetic realm of display by what Okwui Enwezor deemed the 'African' artistic strategy of perpetually displacing the object, also favoring non-visual codes and performative actions, particularly through linguistic puns and aphoristic utterances.[3]

Iké Udé also appropriates the notion of the dandy as a reflection on the personal mythologies connected to art production. In Udé's oeuvre, it is exactly the investment in the self, the neat preoccupation with clothing and the desire to manipulate signs beyond any sense of reality, which becomes the artistic proposition his photographs and objects address.[4] 'One can form ideas about oneself, but these ideas may be in direct opposition to other people's ideas of the person in question. Concurrently, an idea such as 'self-love' is read as antisocial, although each one of us is committed, in one way or another, to the love of the self. Thus courage required in negotiating 'self-love' (narcissism?) together with the accepted act of appearing not to care about oneself (modesty) engender an

46 ambivalence to what I shall call 'The Regarded Self'. Who owns the self? The public or the self?'[5]

This is further problematized when connected to issues of colour. In a very strange way, identification with a person of another colour seems impossible for a viewer or spectator. Possibly that is the main reason why this 'regarded self' must be negotiated by the depicted. In colonial photography, the regarded was not allowed the status of a 'self', in order to be absorbed into the fiction of a general 'type'. In African studio photography, the photographer colludes with the 'regarded self', providing props, backgrounds and settings in order to create a persona. One could question if Udé's artistic undertaking can be linked to this older tradition of photography, in which the sitter borrows available clothing and accessories better to express how they would like to be perceived: where role-playing becomes synonymous with self-determination. In that situation, the photographed also negotiates his desired image and defies determination of that image by the gaze of a dominant culture. In the more self-conscious artistic positions, as with Samuel Fosso, Yinka Shonibare, Moshekwa Langa and Iké Udé, this leads to self-portraiture.

In a certain sense, the disturbance of Udé's 'Cover Girl' series functions in the same way as some of Yinka Shonibare's photographs in the series 'Diary of a Victorian Dandy' in which the last one pinpoints for the first time the uneasiness that occurs in white people's minds when the places that are traditionally occupied by them are taken by blacks; when 'the Congo floods the Acropolis'. (This was one of the rare interesting problems raised at the last Documenta in Kassel: the omnipresent black body as 'normative'.)

In one of Shonibare's photographs, we see the Dandy (performed by the artist) after he has given a lecture in a British, 19th-century club. He has spoken, and resists being already spoken for, but his audience and even the servants (all white) laugh.

With the Dandy? With what has been said? Or with the 'negro'? One thing is sure: a white onlooker cannot but identify with the white people mocking the Dandy, even if they don't want to; as much as people of colour can only identify with the character laughed at. Shonibare forged a rare image that becomes the platform of negotiated but unresolved desires through the inescapable matrix of race. The 'Cover Girl' series performs in the same way, in the sense that it reflects on the visualization of an 'attitude' in both the studio photography tradition and the creation of the cover girl image by the editor/cover artist and how it is used as a compensatory strategy but with opposing aims.

The negotiation of the 'regarded self' focuses on the (im)possibility of cultural transfer within a global economy of desire, addressing notions of 'appearance', 'exoticism' and 'inaccessibility'. The question then arises: how can that which apparently happens at the surface, when 'different cultures' meet, be meaningful? The eventual goal of our desire is not the satisfaction of a need but the acknowledgement of the attitude of the other towards the self. Subjected to the gaze that decentralizes the subject, attitude relates in ambivalent, compensatory fashion to that gaze, which as a form of nonpersonal looking seems omnipresent in a worldwide panopticon.

In an era when the cultural world is obsessed with issues of globalization, post-colonialism and reparations of historical guilt, the aspect of desire is almost never assessed as a starting point for the elaboration of research, a discourse or visualization through an exhibition. Though, to my thinking it possibly offers a negotiating platform in relation to the deadpan discussions on appropriating the materials of the so-called 'dominant' culture versus the use and appropriation of the experiences and cultural practices of the dominated group when you are in a dominating situation. It also offers a way out of the acceptance of the simulacrum era wherein representation, signs, language, utterances or gestures are reappropriated again and again, and there comes a moment when the appropriation starts to substitute for the real, and one begins to think that it is the real thing.

A deconstruction of this logic by looking behind the surface of things and focusing on the context or the 'correct' stories (that will always remain in the subordinate element of power relationships) does not acknowledge the perverse realm of the encounter, with its implicit, conflictual ephemerality of attentiveness. As a productive component of modernization, the performative display is a momentary congealing of vision, a temporary immobilization within a permanently installed economy of attraction/distraction. Fashion is a domain that embraces this logic in all its aspects. That is why the phenomenon of fashion is rather a catalyst in Iké Udé's project than the starting point of a representation. The artist rather wants to inhabit the sometimes-fetishized space of so-called hybridity – not in order to criticize this space, but ultimately to assume the obsessions involved.

Philippe Pirotte

1. Olu Oguibe, 'Cover Girl' in: *Iké Udé, Artist and Publisher, Olu Oguibe's Guest of the Month*, http://www.camwood.org/guest.htm, 14.02.2005

2. Okwui Enwezor, 'Between Worlds: Postmodernism and African artists in the Western Metropolis', in Okwui Enwezor and Olu Oguibe, *Reading the Contemporary, African Art from Theory to the Marketplace*, London, in IVA, 1999, p. 256.

3. Okwui Enwezor, 'Where, What, Who, When: A Few Notes on "African" Conceptualism', in: *Global Conceptualism: Points of Origin, 1950s-1980s*, New York, Queens Museum of Art, 1999, p. 110.

4. The emphasis on the surface is even more explicit in the 'Uli' photographs of black and white nudes, focusing on the skin by painting decorative patterns on the body in a contrasting colour.

5. Iké Udé, 'The Regarded Self', in: *Nka: Journal of Contemporary African Art*, Fall/Winter, 1995.

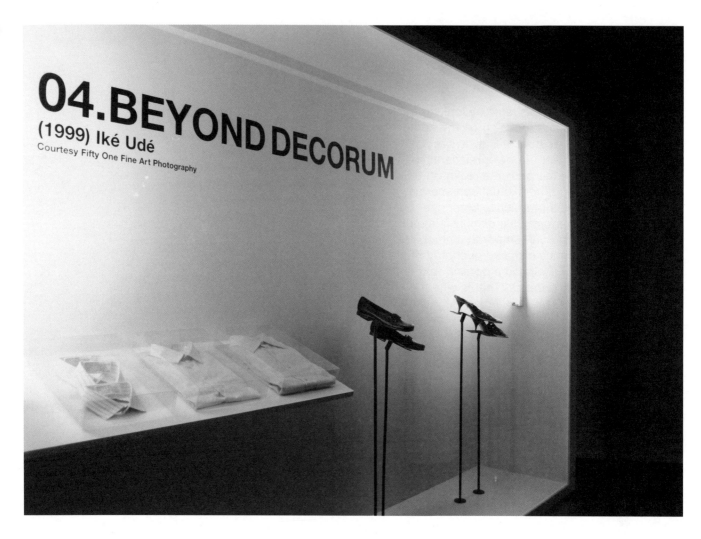

'Beyond Desire', MoMu, 2005
Courtesy Fifty One Fine Art Photography

Portret | Portrait Ozwald Boateng

Bernhard Willhelm
winter 2005-2006

This is the story of wicked fashion

Our whole gang is here

This is Francis Roi de Gaulle.
Victor Aristotle

Michokoto F
Tati Forme in

La SAPE
is the Society of Ambience and
People of Elegance.

Members of this cult are
religiously devoted to high fashion.

Papa Wemba,
the world's most famous Congolese musician,
launched La SAPE in the Congo in the 70s.

PAPA WEMBA
King of La Sape

This is not a marathon.
Fashion is a 100-metre sprint

You must be in style today,
tomorrow and every single day!

This is the new collection
by Comme des Garçons

This is th
of P

In Kinshasa everybody knows
that the Archbishop is a big sapeur

The SAPE is my passion and my life

I'm always in the shops.
I go four or five times a week

Congolese TV

Archbishop Lubobo,
we're making a report about the SAPE

We've heard that
the King has been released

But
Papa Wemba i

'The Importance of Being Elegant'

Documentaire | Documentary, 69 min, October Films – BBC 2 Storyville, 2004
Producent | Producer, Regisseurs | Directors: George Amponsah, Cosima Spender
Montage | Film Editor: Valerio Bonelli | Uitvoerend producent | Executive Producers: Laurent Bocahut, Tom Roberts

Montrant un disque 1972   Malick Sidibé 1998

Malick Sidibé
'Montrant un disque', 1972
Courtesy Fifty One Fine Art Photography

Malick Sidibé
'Les fans de James Brown', 1965
Courtesy Fifty One Fine Art Photography

Untitled
In: Vibe, 2003
Styling: Cynthia Lawrence-John

Platenhoezen | Record sleeves

Grace Jones
'My Jamaican Guy'
Platenhoes | Record sleeve

GRACE JONES: *My Jamaican Guy / J. A. Guys (Dub)*

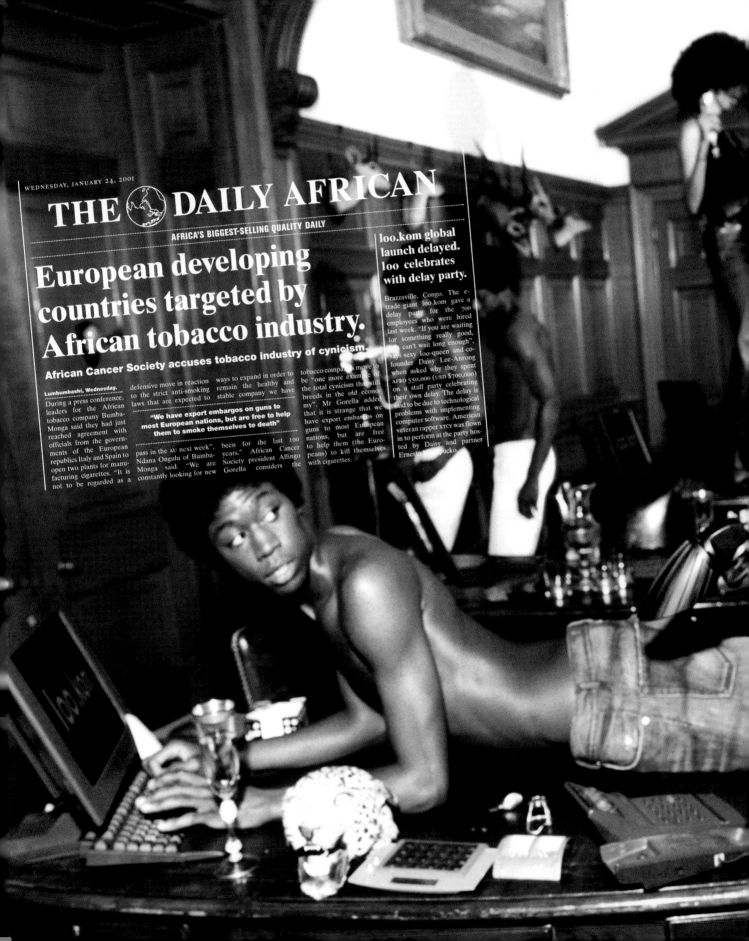

WEDNESDAY, JANUARY 24, 2001

THE 🌍 DAILY AFRICAN

AFRICA'S BIGGEST-SELLING QUALITY DAILY

European developing countries targeted by African tobacco industry.

African Cancer Society accuses tobacco industry of cynicism.

Lumbumbashi, Wednesday.
During a press conference, leaders for the African tobacco company Bumba-Monga said they had just reached agreement with officials from the governments of the European republics Italy and Spain to open two plants for manufacturing cigarettes. "It is not to be regarded as a defensive move in reaction to the strict anti-smoking laws that are expected to pass in the AU next week", Ndana Ongulu of Bumba-Monga said. "We are constantly looking for new ways to expand in order to remain the healthy and stable company we have been for the last 100 years." African Cancer Society president Allingo Gorella considers the tobacco company's move to be "one more example of the total cynicism that still breeds in the old economy". Mr Gorella added that it is strange that we have export embargos on guns to most European nations, but are free to help them (the Europeans) to kill themselves with cigarettes.

> **"We have export embargos on guns to most European nations, but are free to help them to smoke themselves to death"**

loo.kom global launch delayed. loo celebrates with delay party.

Brazzaville, Congo. The e-trade giant loo.kom gave a delay party for the 700 employees who were hired last week. "If you are waiting for something really good, you can't wait long enough", says sexy loo-queen and co-founder Daisy Lee-Anrong when asked why they spent AFRO 550,000 (USD $700,000) on a staff party celebrating their own delay. The delay is said to be due to technological problems with implementing computer software. American veteran rapper XTCY was flown in to perform at the party hosted by Daisy and partner Ernesto Mabobucko.

WHAT IF AFRICA WERE THE RULING CENTRE OF THE WORLD?

Diesel 'What if Africa were the
Ruling Centre of the World?', 2001
Renzo Rosso: president and founder
Courtesy Diesel

'Beyond Desire', MoMu, 2005
Courtesy Diesel

WEDNESDAY, JANUARY 24, 2001

THE 🌍 DAILY AFRICAN

Life in the middle of everything!

Yes, Africa is arguably the center of the world. However, with this fact comes a need for a certain humility.

Let's not forget the suffering people of Europe and America who haven't even dreamed of sitting down at a table in a restaurant. We all want to help. Please give as much as you can at the fourth-coming EuroAid event.

'New Girls on the Block'
In: Exit, 2004
Styling: Cynthia Lawrence-John

Untitled
In: Sleaze, 2004
Styling: Cynthia Lawrence-John

Thierry Mugler, zomer | summer 1995
Eva Herzigova in ensemble met luipaardmotief |
Eva Herzigova in ensemble with leopard design
In: Elle, 1995

Yves Saint Laurent Rive Gauche
Advertentie | Advertisement, 2002
Courtesy Yves Saint Laurent Rive Gauche

YVES SAINT LAURENT
rive gauche

Christian Dior
winter 1969-1970,
Londen | London

Yves Saint Laurent
winter 1969-1970
Courtesy Fondation Pierre Bergé-Yves Saint Laurent

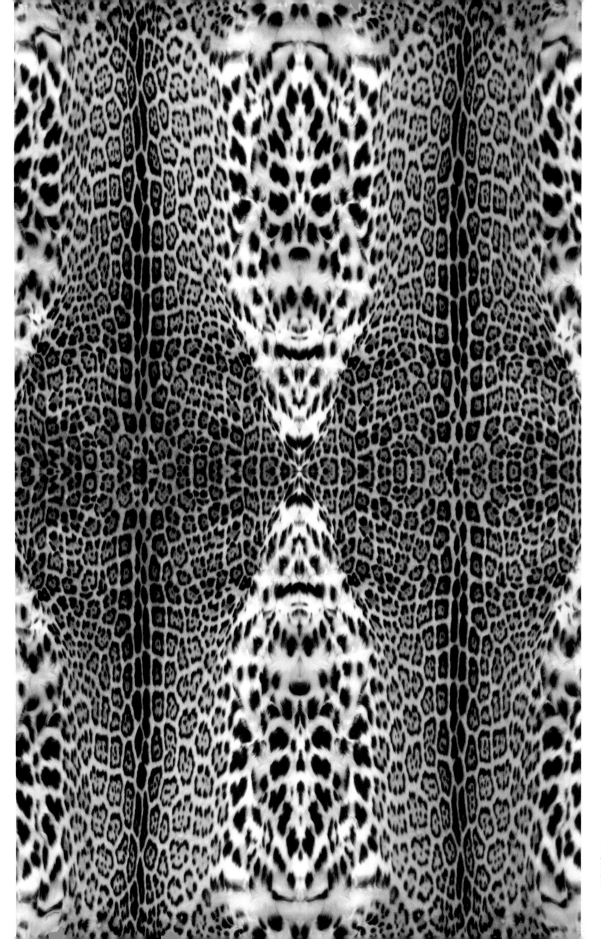

Roberto Cavalli
Zijde met
luipaardprint |
Silk fabric with
leopard print

Bernhard Willhelm
winter 2005-2006,
backstage
Make-up met
luipaardmotief,
airbrush |
Make-up with
leopard design,
airbrush

Dolce & Gabbana
zomer | summer 2005

Yves Saint Laurent, zomer | summer 1967
Mini jurk versierd met kralen, rode raffia mantel |
Mini dress decorated with beads, red raffia coat
Courtesy Fondation Pierre Bergé-Yves Saint Laurent

FRANCO RUBARTELLI

JUNGLE LOOK: RETOUR A L'ÉTAT DE "NATURE"

... "Pendant plus de huit heures, une femme de la région de Bamara me sépara les cheveux en fines raies, et me les natta à sa manière (lisez p. 130). Puis, je m'enduisis le corps de fard gras et je descendis à la rivière Ouandja à l'heure où l'eau se remplit de tous les bruits des animaux qui viennent y boire"... *Veruschka*

Model: Veruschka
In: Vogue France, 1968

02.DE DRANG NAAR HET EXOTISCHE

De mode heeft rijkelijk geput uit de cultuur van de Afrikaanse diaspora. De Jamaicaanse straatcultuur, de Haïtiaanse godsdienst, de Amerikaanse Black Panthers en de Masai-stammen van Oost-Afrika, alle zijn ze ingelijfd door artistiek directeurs, ontwerpers en stilisten om de haute couture nieuw leven in te blazen.

De meest in het oog springende kenmerken van de zwarte etniciteit worden geprojecteerd op een blanke huid, waarbij het blanke lichaam als leeg canvas fungeert. Aldus geïsoleerd krijgen de visuele signalen van wat Ralph Ellison *'high visibility'* noemt een enorme impact, te vergelijken met de mime van de 'blackface' personages uit de ooit populaire 'minstrel' performances.

Haartextuur en huidskleur gaan met textielpatronen, lichaamsversiering en soms ook met een primitieve naaktheid een heel aparte symbiose aan. Door contrasten op een blank lichaam te projecteren, worden ze uitvergroot en komt het werk van de ontwerper beter tot zijn recht. De nadruk komt te liggen op het verschil en de kracht van het exotische. Het westerse lichaam wordt pittiger en exotischer, blond haar licht fantastisch op in combinatie met goudkleurige raffia, blauwe ogen harmoniëren perfect met het oranje van de savanne, blank vormt een mooi contrast met glanzend blauwzwart.

In de late jaren 1960 begon de modewereld volop van deze esthetiek gebruik te maken, toen internationale bevrijdingsbewegingen de zwarte gemarginaliseerde bevolkingsgroepen in de kijker brachten. Vroege trendsetters waren Josephine Baker in de jaren 1930, of voor haar nog Saartje Bartman, die in de negentiende eeuw als de 'Hottentot-Venus' bekendheid genoot. Maar pas in de jaren 1960 brak de fascinatie voor de zwarte eigenheid echt door.

Vogue zond de fotograaf Norman Parkinson naar Ethiopië en de fotograaf Franco Rubartelli samen met het model Veruschka naar een Bamara-dorp in Mali. Tijdens de jaren 1980 wekte Jean-Paul Goude de belangstelling van de modewereld voor het fetisjisme van de zwarte esthetiek door samen te werken met Grace Jones en andere zwarte modellen.

Het jaar 1997 was nog een mijlpaal. Tijdens het lente/zomer-seizoen van dat jaar lanceerde luxe-goederenfabrikant Hermès de collectie Afrique Terre et Mère, bracht Ralph Lauren een lijn van jurken met Masai-kralenversieringen en ontwierp John Galliano zijn Kamata-jurk voor Dior Couture. Door aspecten uit de zwarte cultuur te enten op blanke lichamen ontstond een antropologische hybride. Deze culturele collage, die de fotografie-historici Carla Willis en Deborah Williams de 'National Geographic esthetiek' noemden, was een middel om uitgesproken verschillen van zelf-presentatie, zoals scarificatie of 'piercing', bewust uit te buiten.

Door de intrede van deze esthetiek in de wereld van de haute couture komen deze culturen onder de aandacht, maar dienen ze tegelijk voor commerciële doeleinden. De 'vermarkting' van de Afrikaanse culturen creëerde een essentieel platform voor de zwarte zichtbaarheid, ook al ging er geen inhoudelijke boodschap mee gepaard.

Het is de stijl, niet de inhoud, die zorgvuldig wordt gekopieerd en herwerkt. Verschillen, ambachtelijkheid en inheemse tradities worden aangewend als kenmerken van het esthetisch kolonialisme. Maar zoals **BEYOND DESIRE** poogt aan te tonen, evolueren de relaties binnen de internationale mode geleidelijk naar een steeds complexere reciprociteit. Uiteindelijk is het niet de taak van de mode ons een accurate blik op de wereld te gunnen. Mode die ook maar enigszins authentiek of 'eerlijk' wil zijn, moet onvermijdelijk en altijd aan zichzelf trouw blijven – ze moet steeds weer dat eigen unieke etnische samenspel hertalen dat gebaseerd is op aantrekking, contrast en zichtbaarheid, maar nooit op de ervaringen van echte gemeenschappen. De mode is een middel om ons uiterlijk te veranderen en aldus ons onversierde zelf tijdelijk te hertekenen en te ontvluchten, ongeacht onze etnische achtergrond.

Zoe Whitley

02.CRAVING THE EXOTIC

Fashion has drawn much inspiration from the cultures of the African diaspora. Jamaican street culture, Haitian religion, the American Black Panthers and the Masai tribes of East Africa have all been co-opted by various creative directors, designers and stylists to renew high fashion's seasonal sensibilities.

With the white body as a blank canvas, the most striking visible features of black ethnicities are projected onto white skin. Thus isolated, the visual signs of what Ralph Ellison called 'high visibility' have a heightened impact. It is, in a sense, mime in blackface – a spectacle not unlike the once-popular minstrel performances.

Hair texture and skin colour join cloth patterns, physical adornment and, occasionally, primitivising nudity to form this idiosyncratic language of fashionableness. Presented on a white body, contrasts are exaggerated and the designer's work is thrown into relief. The allure of difference and the dialectic of exoticism become more pronounced. The erstwhile 'mainstream' Western body is refreshed and itself exoticised by comparison; blonde hair stands out when paired with golden raffia, blue eyes find their complementary opposites in the surrounds of orange-tinted savannahs. Pallor is set against blue-black sheen.

The fashion industry first seized on this aesthetic fully during the late 1960s, when international liberation movements were increasing the political visibility of many marginalised black populations. Though early precedents were set by the likes of Josephine Baker in the 1930s or even Saartje Bartman – known as the Hottentot Venus in 19th-century Europe – before her, the Sixties began a period of sustained fascination with blackness. *Vogue* dispatched photographers Norman Parkinson on assignment to Ethiopia and Franco Rubartelli on location with Veruschka in a Bamara village. In the 1980s, Jean-Paul Goude reawakened a fashionable engagement with fetishised, black-cultural aesthetics through his partnerships with Grace Jones and other black models.

1997 was another defining moment in the zeitgeist. That Spring/Summer fashion season, luxury goods company Hermès launched the 'Afrique Terre et Mère' (Africa, Earth and Mother) collection, Ralph Lauren advertised a line of Masai-inspired beaded gowns and a dreadlocked John Galliano designed the Kamata dress for Dior couture.

This isolation of certain black physicalities features in order to graft them onto white bodies creates an anthropological hybrid. Called the '*National Geographic* aesthetic' by photography historians Carla Willis and Deborah Williams, this cultural collage is a means of deliberately exploiting marked differences in self-representation, such as scarification or piercing of the flesh.

The migration of this aesthetic into the world of high fashion both draws attention to those cultures in a positive way while manipulating them for commercial ends. The commodification of African cultures provides a much-needed platform for black visibility, even though this commodification ignores any actual message such attention might promote. It is style, not content, which is attentively copied and reworked. Difference, artisanal craftsmanship and indigenous traditions are all mobilised as types of aesthetic colonialism. However, as **BEYOND DESIRE** seeks to explore, the interconnections of global fashion are slowly evolving into an increasingly complex reciprocity.

Ultimately, fashion is not designed to provide us with anything like an accurate, global perspective. If fashion is in any way authentic or 'honest', it can only be in the sense that it is always true to itself – ever quoting and modifying its own unique, ethnic bricolage built on attraction, contrast and visibility but never on the lived experiences of real communities. Fashion is the means by which we transform our appearance in order temporarily to reinvent and escape our unadorned selves, whatever our personal ethnicity.

Zoe Whitley

03.LET'S GET IT ON: ZWART HAAR

'Wat voor mij belangrijk is, is dat ik mijn kapsel leuk vind en dat ik mij goed in mijn vel voel. Dat is het enige wat telt. En daarbij, je kunt toch niet iedereen tevreden stellen.' [1]

De haarstijlen uit de Afrikaanse diaspora zijn evenzoveel sleutels tot de zwarte culturele identiteit. Zoals uit het citaat van de Nigeriaanse Elizabeth Akuyo Oyairo blijkt, heeft de keuze van het kapsel dat iemand draagt een veel grotere impact dan louter wederzijdse appreciatie. Dat geldt uiteraard ook voor andere culturen, maar al sinds de slavernij zijn de historisch-culturele interacties tussen haarstijl, politiek en entertainment de drijvende kracht achter het zwarte kapsel geweest.

In Noord-Amerika en de Caraïben werd het natuurlijke haar van de slaven vaak met 'wol' vergeleken, een spottende term die enerzijds verwees naar de textuur van het zwarte haar, anderzijds naar het dierlijke karakter van de slaven. De zwarte mannelijke slaven reageerden hiertegen door bijvoorbeeld 'hun kroeshaar [...] trots en heel hoog te dragen [...] en aldus een positief statement te maken... van waardigheid'[2]. Dergelijke anti-rascistische reacties beletten echter niet dat blanken de term tijdens de hele koloniale periode bleven gebruiken. Daarbij bleek de reclame een uitstekend medium te zijn. De advertentie van Lux-zeep die tussen 1898 en 1914 in Groot-Brittannië te zien was, een product van Lever Brothers Limited uit Cheshire, is hiervan een goed voorbeeld. Een grote zwarte vrouw giet Lux-zeep over het haar van een zwart jongetje in een badkuip. Zijn haar wordt een berg wit schuim. De tekst op de voorzijde luidt: 'Doet wol niet krimpen.' Op de achterzijde beweert Lever Brothers dat je met Lux even goed wollen kleren als haar kunt wassen. Soortgelijke racistische woordspelingen op de eigenschappen van het zwarte haar hadden op lange termijn een negatieve invloed op de eigenwaarde van zwarten en versterkten de wens om de textuur van hun haar te veranderen, zodat ze ook modieuze haarstijlen konden dragen. Vanaf de jaren 1830 gebeurde het 'ontkroezen' van natuurlijk zwart haar door middel van crèmes die de haren moesten 'ontspannen'. Omstreeks 1900 werd het haar ontkroesd met een warme metalen 'perskam'. Door de structuur van het zwarte haar aan te passen om het geschikt te maken voor moderne kapsels zoals de 'Eton Crop' in de jaren 1920 – een garçonne-look die onlosmakelijk verbonden is met de Afro-Amerikaanse revueartieste Josephine Baker – koos men resoluut voor de moderniteit en brak men met het verleden om nieuwe richtingen in te kunnen slaan. Na de Tweede Wereldoorlog kwam er nog meer aandacht voor het zwarte kapsel, toen heel wat inwoners uit de Britse kolonies naar Groot-Brittannië verhuisden. Toen de Guyaanse kapster Beryl Gittens zich in 1952 klaarmaakte om naar Engeland te vertrekken, gaf haar oom haar de raad haar kappersgerei mee te nemen, want er was een nijpend gebrek aan kappers voor zwarten. Op deze behoefte inspelend ontstond in het hele land een huisnijverheid voor zwarte kappers, vaak met mensen die daartoe niet waren opgeleid. Midden jaren 1950 zagen de eerste zwarte kapsalons en kappersopleidingen het daglicht. Zo opende Beryl Gitten in 1962 haar Beryl's Hairdressing Salon in de Londense Streatham High Street. Daarnaast volgde ze geregeld bijscholingscursussen van Roy Lando. Deze pioniers creëerden ongekende mogelijkheden voor het zwarte kapsel. Niet onbelangrijk is dat de zwarte kapsalons in Engeland hun klanten een gevoel van glamour bezorgden als reactie tegen de discriminatie.

Naast de maatschappelijk aanvaarde praktijk van het ontkroezen, vormde ook de herwaardering van het natuurlijke kapsel in de jaren 1950 een sterk persoonlijk statement. Het groeide uit tot een symbool van het verzet tegen de 'blanke macht' en van het streven naar een zelfbewuste zwarte identiteit. De bolvormige afrokapsels en de lange, ongekamde gevlochten krullen van de dreadlocks waren hiervan de belangrijkste exponenten. Volgens het historische overzicht van het afrokapsel door Robin D.G. Kelley duikt de 'au naturel', een halflange tot korte versie van het afrokapsel, op in de vroege jaren 1950.[3] De artieste Abbey Lincoln liet zich door een blanke kapper in Chicago overhalen om de 'au naturel' te dragen. Zij koos niet om politieke redenen voor deze stijl, maar omdat 'hij chic en elegant was en ze tevreden was met hoe haar haren aanvoelden'.[4] Lincolns nieuwe haarstijl viel echter niet bij alle Afro-Amerikanen in de smaak. Tegen het midden van de jaren 1960 was het afrokapsel het favoriete kapsel van de Black Power Movement, en het werd volumineuzer naarmate de beweging groeide. De stijl vond ook veel bijval als zwart modestatement toen hij de inzet werd van wedstrijden om het meest buitensporige kapsel, zoals in de Afro-Amerikaanse film *Car Wash* uit 1976. Net als het ontkroezen van het haar, was het afrokapsel een middel om grenzen te verleggen, om nieuwe burgerrechten en een eigen identiteit af te dwingen. Het afrokapsel maakt nog altijd een sterke indruk op ontwerpers. Zo bracht hoedenmaker Stephen Jones deze stijl opnieuw voor het voetlicht tijdens de modeshow Lente/Zomer 2002 van Christian Dior. Zijn afropruiken combineren elementen van diverse zwarte haarstijlen: de extravagante kleuren van de dancehall-kapsels – creaties waarbij het onnatuurlijke karakter van de pruik een vast onderdeel vormt van de stijlideologie van de dancehall-beweging –, de compactheid en de textuur van dreadlocks, de volumineuze schoonheid van het afrokapsel. Bovendien voerde Stephen Jones de pruiken uit in wol, een knipoog naar de racistische stereotypering van zwart haar.

Sommige toenmalige activisten, zoals Angela Y. Davis, maakten zich zorgen over de tweeledige boodschap achter het afrokapsel, als politiek en/of esthetisch statement. In 1970 groeide Davis met haar afrokapsel uit tot een icoon van de internationale beweging die actie voerde om haar vrij te krijgen. Davis was valselijk beschuldigd van ontvoering, samenzwering en moord, maar werd uiteindelijk vrijgesproken. In 1994 schrijft Davis hoe vervelend ze het vindt dat de mensen zich haar politieke activiteiten uit de jaren 1960 en 1970 nog hoofdzakelijk via haar kapsel herinneren en 'de bevrijdings-

strijd op die manier tot een modestrijd herleiden'.[5] Toch betekende het een keerpunt, toen vrouwen als Davis voor de zwarte vrouwen het toonbeeld werden van alles wat een 'zwarte zuster' kan zijn: trouw aan zichzelf en aan haar culturele groep, zowel in haar politieke overtuigingen als in de manier waarop ze naar buiten treedt.[6] Deze expliciete uiting van zelfrespect via de haarstijl werd ook door blanke vrouwen overgenomen, zoals journaliste Sylvia Vetta zich herinnert: 'De stijl van de zwarten beïnvloedde de hele gemeenschap... Zoals zo veel vrouwen toen, droeg ik een gekroesde permanent als afrokapsel. Je moet dat zien tegen de achtergrond van jazz en soulmuziek.'[7]

In de jaren 1970 werden dreadlocks de geliefkoosde stijl van jonge zwarten in Groot-Brittannië. Dreadlocks maakten deel uit van de rastafari, een beweging die haar aanhangers een forum bood om aansluiting te vinden bij hun zwarte roots. De zwarte jongeren in Engeland werden toen sterk gemarginaliseerd. Veel leden van de oudere zwarte generatie vreesden dat het onverzorgde aanzicht van de dreadlocks de maatschappelijke aanvaarding van de jongere generatie zou belemmeren. Dreadlocks werden beschouwd als té zwart, té confronterend.

Centraal in elke discussie omtrent de politiek van het zwarte kapsel staat respect. De diverse connotaties ervan zijn hierboven al uiteengezet, maar door J.D. 'Okhai Ojeikere's foto's van Nigeriaanse haarstijlen in **BEYOND DESIRE** op te nemen, wordt de discussie over de relatie tussen zwarte haarstijlen en respect verschoven naar de kwestie van zelfbevestiging. Binnen de context van zelfrespect en eigenwaarde beschouwt Ojeikere de nauwgezette inventaris die hij vanaf 1968 dertig jaar lang van Nigeriaanse haarstijlen aanlegt, als 'momenten van waarheid',[8] want

'ik wil memorabele bewijzen leveren. Ik heb er altijd naar gestreefd om momenten van schoonheid, momenten van kennis vast te leggen. Foto's zijn een soort visuele geschiedschrijving.

In Afrika zijn we ons sterk bewust van onze geschiedenis, die lange tijd via de mondelinge traditie is overgeleverd. Mijn werk als fotograaf draagt bij tot het voortbestaan van de cultuur in Nigeria en in Afrika in het algemeen.' [9]

Het essentiële kenmerk van deze foto's is hun authenticiteit. De blik die Ojeikere op het afgewerkte kapsel veeleer dan op het model richt, verleent de Nigeriaanse haartooikunst een centrale plaats in het project. Dat alle kapsels een naam hebben – het verzamelen van informatie over de naam, de betekenis en de geschiedenis van de kapsels maakt integraal deel uit van Ojeikeres archiveringsproces –, dat kapsels ofwel op speciale gelegenheden ofwel op het werk kunnen worden gedragen, dat sommige enkel passen voor oudere vrouwen, terwijl andere typerend zijn voor traditionele dansers, is authentiek Nigeriaans. Door die creativiteit fotografisch vast te leggen, levert Ojeikere een getuigenis van de Nigeriaanse haartooikunst voor latere generaties, in een poging de voeling met het verleden niet te verliezen. Volgens hem zijn de haarstijlen van de Nigeriaanse vrouwen een valabel middel om de geschiedenis van de Nigeriaanse culturele tradities in kaart te brengen. Zoals ik eerder aantoonde, geldt dit evenzeer voor haarstijlen uit andere delen van de Afrikaanse diaspora.

Carol Tulloch

1. Magnin, André, *J.D. 'Okhai Ojeikere. Photographs*, Fondation Cartier pour L'Art contemporain, Scalo, Zürich, Berlijn, New York, 2000, p. 127.

2. White, Shane & White, Graham, *Stylin' African American Expressive Culture. From its Beginnings to the Zoot Suit*, Cornell University Press, Ithaca, Londen, 1998, p. 47.

3. Kelley, Robin D.G., 'Nap Time. Historicizing the Afro' in: *Fashion Theory. The Journal of Dress, Body and Culture*, Volume 1:4, december 1998, p. 341.

4. Ibidem.

5. Davis, Angela Y., 'Afro Images. Politics, Fashion and Nostalgia' in *Picturing Us. African American Identity in Photography*, Deborah Willis (red.), The New York Press, New York, 1994, p. 171.

6. Tulloch, Carol, *Black Style*, V&A Publications, Londen, 2004, pp. 14-16.

7. Vetta, Sylvia, 'A Coming of Age', in: *The Oxford Times Weekend Newspaper*, 2004, p. 3.

8. Magnin, André, *J.D. 'Okhai Ojeikere. Photographs*, p. 15.

9. Magnin, André, *J.D. 'Okhai Ojeikere. Photographs*, p. 58.

03.LET'S GET IT ON: BLACK HAIR

*'What is important is that my hairstyle
pleases me and that I feel good about
myself. That is what is essential.
At any rate, you cannot please everyone.'* [1]

Hairstyles of the African diaspora are key signifiers of black-cultural identities. As the statement by Mrs Elizabeth Akuyo Oyairo of Nigeria suggests, the hairstyle choices an individual makes can have wider implications than just mutual appreciation. Of course this is true of other cultural groups, but the historico-cultural interactions that have been engaged with through hair and politics as well as play have been a driving force in the creation of black hairstyles since slavery.

In North America and the Caribbean, the natural hair of slaves was often referred to as 'wool': a derogatory term that on the one hand referenced the texture of black hair and on the other suggested the animality of slaves. This denigration was subverted by male slaves who, for example, wore their 'woolly hair' with 'great pride [...] very high [...] making a positive statement regarding [...] value'.[2] Such acts of anti-racism did not deter the continued use of the term by whites into the colonial period. Advertisements were an effective mediation of this. One example was a Lux Soap advertisement, which ran in Britain between 1898 and 1914 and was produced by Lever Brothers Limited of Cheshire. The colour advertisement featured a large, black woman pouring Lux Soap over the hair of a black, male child sitting in a tub. His hair has become a mound of white suds. The caption on the front of the advertisement reads: 'wont *[sic]* shrink wool'. On the back of the advertisement, Lever Brothers claim that Lux is equally good for washing woollen clothes and hair. Therefore the use of the little boy's head to represent the broad uses of Lux and the unflattering caricatured images further cemented the one-dimensional ideology portrayed by whites that black people were servile to them. Such long-standing racial taunts on the quality of black hair inevitably had a detrimental effect on the

dignity of black people. This forged a desire to change the texture of their hair to engage with fashionable hairstyles. From the 1830s, the 'straightening' of natural black hair was achieved through the use of creams, a process which is known as 'relaxing' the hair, and from about 1900 it was 'straightened' with a heated, metal, 'pressing' comb. It could be argued that the restructuring of black hair to create modern hairstyles such as the Eton Crop in the 1920s, a style which became synonymous with the Afro-American performer Josephine Baker, was a forceful statement of identification with modernity's drive to break with the past and forge new directions.

The creation of new space through hairstyling was exemplified further in the post-World War II migration of British colonial subjects to Britain. In 1952, as the Guyanian hairdresser Mrs Beryl Gittens prepared to move to England, she was advised by her uncle to take her hairdressing tools with her due to the severe lack of hairdressing facilities for black people. An immediate solution to this was the rise of a black hairdressing cottage industry across the country, which was often conducted by untrained individuals. Black hairdressing salons and courses began to emerge in the mid-1950s. Mrs Gittens' contribution to the latter was to open Beryl's Hairdressing Salon in 1962 on Streatham High Street, London. In addition, she regularly attended refresher hairdressing courses held by Roy Lando. Such pioneers radicalised the possibilities for black hair. I suggest that a by-product of black hairdressing in Britain was to provide clients with much sought-after glamour, to counteract the pervasive colour bar that shadowed their lives.

Parallel to the socially acceptable practice of hair straightening was the renaissance of natural hairstyles as uplifting personal statements during the 1950s. Ultimately, they came to symbolise resistance to 'white power' and the pursuit of self-pride in a 'true' black identity. The halo-like Afro and the matted hair strands of dreadlocks have been prime exponents of this. Robin D G Kelley's historical review of the Afro marks the wearing of the 'au naturel', a medium-to-short version of the Afro, which first appeared in the early 1950s.[3]

The performer Abbey Lincoln was persuaded by a white hairstylist in Chicago to have the au naturel. She chose the style, not for political motives but because 'it was chic and elegant and in the end was pleased with the feel of her hair'.[4] Although Lincoln's new style was not readily appreciated by fellow African Americans at the time. By the mid 1960s the Afro was the hairstyle of choice for the Black Power Movement, and it appeared to increase in size as the movement grew. The style was equally appreciated as a black fashion statement, where it became a site of competition between who could produce the largest, most outrageous sized Afro as featured in films such as worn by the character T.C. in the 1976 African American film *Car Wash*. The Afro, then, like the introduction of hair straightening, was about breaking new ground to reiterate the need for new directives in civil rights and identity aesthetics. Indeed the power spectacle of the Afro still informs the fashion cognoscenti. Most recently this style aesthetic was aired as an elaborate styling gesture by the milliner Stephen Jones for the Dior Spring/Summer 2002 fashion show. His 'Afro Wigs' meld various black hair motifs: the outrageously colourful synthetic quality of dance hall hairstyles – a genre of black hair that revels in the falseness of wigs as an integral accessory to their style ideology; the density and texture of dreadlocks; and the voluminous beauty of the Afro shape. The added dimension of the wigs being made of wool reminds one of the racial stereotyping of black hair and black people outlined above.

The dichotomy of the Afro to project black politics credentials and/or cool aesthetics has troubled some of the original activists as in Angela Y Davis. In 1970 her face and Afro became an inspirational iconic image in the wake of the international support raised to free her from prison. Davis had been falsely charged with kidnapping, conspiracy and murder for which she was eventually acquitted. In 1994 Davis wrote how irritating it has become for her political activities in the 1960s and 1970s to be remembered primarily for her hairstyle and to see the reduction of 'a politics of liberation to a politics of fashion'.[5] Yet it must be remembered that this was a radical moment, where a black women such as Davis encapsulated in the minds of black women all that a 'black sister' could be: true to oneself and one's cultural group in both political beliefs and personal presentation.[6] This pronounced declaration of self-respect through a hairstyle was adopted by white women too as the journalist Sylvia Vetta recalls: 'Black style influenced the wider community ... Like many white women at the time, I remember having a frizzy perm that was an Afro. Imagine this with a background of jazz and soul music.'[7]

Dreadlocks, on the other hand, became the style of choice in the 1970s amongst young black men and women in Britain. They were cultivated as part of Rastafarianism, which offered followers a focused movement to connect with their black heritage. This came at a time when young black people had become extremely marginalised in Britain. Many of the older black generation feared that the matted, apparently unkempt, nature of dreadlocks would prevent the social acceptance of the younger generation. Essentially, dreadlocks were deemed to be too black, too confrontational.

For every black-on-black and interracial debate on the politics of black hair, there is an act of respect towards it. The connotations of this have been charted above, but the inclusion of J D 'Okhai Ojeikere's photographs of Nigerian hairstyles in the exhibition **BEYOND DESIRE** shifts the discussion of the relationship between black hair and respect into the realm of validation. Within the context of self-respect and self-worth, Ojeikere's precise documentation of Nigerian hairstyles over thirty years since 1968 are seen by the Nigerian as 'moments of truth'[8] as he wants them to

*be memorable traces of them. I have always
wanted to record moments of beauty, moments
of knowledge ...
Photographs form a visual history.
In Africa, we are conscious of appropriating
history, which has been transmitted for a long
time by oral tradition. My work as photographer
contributes to the preservation of culture in
Nigeria and in Africa in general.*[9]

At the heart of the photographs is authenticity.
Ojeikere's focus on the completed hairstyle, rather
than the sitter, positions the artistry of hair creation
in Nigeria as central to the project. The fact that all
the hairstyles have names – indeed, gathering
details of the name, meaning and history of a hairstyle from its wearer is integral to Ojeikere's archi-
val process – that the hairstyles can be worn for
either special occasions or the office, that some are
to be worn by older women only whilst other styles
are linked to creations worn by 'traditional dan-
cers', identifies these hairstyles as authentically
Nigerian. Ojeikere's photographic validation of hair
creativity preserves a truth about hairstyling practice in Nigeria for the country's future reference.
Ojeikere does not want to lose touch with the past.
For him, the hairstyles worn by Nigerian women
are to be respected as a valid means to help chart
the history of Nigerian cultural traditions. As we
have seen, this applies equally to black hairstyles
created in other parts of the African diaspora.

Carol Tulloch

1. Magnin, André, *J.D. 'Okhai Ojeikere. Photographs*, Fondation Cartier pour L'Art contemporain, Scalo, Zurich, Berlin, New York, 2000, p. 127.

2. White, Shane & White, Graham, *Stylin' African American Expressive Culture. From its Beginnings to the Zoot Suit*, Cornell University Press, Ithaca, London, 1998, p. 47.

3. Kelley, Robin D.G., 'Nap Time. Historicizing the Afro' in *Fashion Theory. The Journal of Dress, Body and Culture*, Volume 1:4, December 1998, p. 341.

4. Ibidem.

5. Davis, Angela Y., 'Afro Images. Politics, Fashion and Nostalgia' in *Picturing Us. African American Identity in Photography*, Deborah Willis (ed.), The New York Press, New York, 1994, p. 171.

6. Tulloch, Carol, *Black Style*, V&A Publications, London, 2004, pp. 14-16.

7. Vetta, Sylvia, 'A Coming of Age' in *The Oxford Times Weekend Newspaper*, 2004, p. 3.

8. Magnin, André, *J.D. 'Okhai Ojeikere. Photographs*, p. 15.

9. Magnin, André, *J.D. 'Okhai Ojeikere. Photographs*, p. 58.

Advertentie voor Lux-zeep | Lux soap advertisement
'Doet wol niet krimpen' | 'Won't shrink wool'
UK, 1898-1914
Courtesy Carol Tulloch

J.D. 'Okhai Ojeikere
Kapsel | Hairstyle, Nigeria
HD 920/75 Suku Moremi, 1975
Vintage print
Courtesy Fifty One Fine Art Photography

8
Rapariga cuamatui durante o rito.
Jeune fille kwamatui pendant le rite.
Kwamatui girl during the rite.
Kwamatwemädchen während der Feier.

11
Rapariga hacube, impúbere.
Jeune fille nkhumbi impubère.
Nkhumbi girl, before puberty.
Nkhumbimädchen vor der Geschlechtsreife.

92

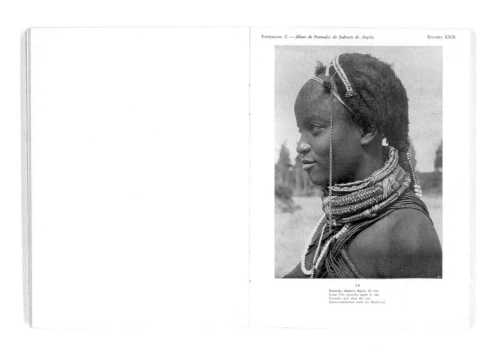

ESTERMANN, C. — *Álbum de Penteados do Sudoeste de Angola* ESTAMPA XXIX

29

Rapariga nhaneca depois do rito.
Jeune fille nyaneka après le rite.
Nyaneka girl after the rite.
Nyanekamädchen nach der Reifefeier.

ESTERMANN, C. — *Álbum de Penteados do Sudoeste de Angola* ESTAMPA XXX

30

Rapariga nhaneca com «crista de galo».
Jeune fille nyaneka avec «crête de coq».
Nyaneka girl with «cock comb».
Nyanekamädchen mit «Hahnenkamm».

J.D. 'Okhai Ojeikere
Kapsel | Hairstyle, Nigeria
Untitled
Vintage print
Courtesy Fifty One Fine Art Photography

Jean Paul Gaultier
Haute Couture
zomer | summer 2005

Jean Paul Gaultier
Haute Couture
zomer | summer 2005

Jean Paul Gaultier
Haute Couture
zomer | summer 2005

LEOPARD ROOM
HAIR: BLACK TAPE (1)
REFERENCE:
JOSEPHINE BAKER (2)
HAIRSTYLE:
ETON CROP

Bob Verhelst voor | for 'Beyond Desire', 2005

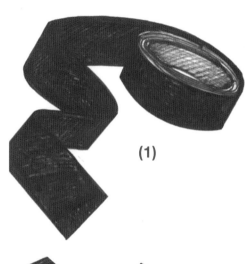

(1)

(2)

Links | Left
Larissa
In: Amelia's Magazine, 2005
Styling: Cynthia Lawrence-John

Boven | Top
Untitled
In: Sleaze, 2004
Styling: Cynthia Lawrence-John

Jean Paul Gaultier
Haute Couture
zomer | summer 2005

04.MODE IN DE AFRIKAANSE GROOTSTAD

In vele Afrikaanse landen vormt de *wax print*, een met kleurige motieven bedrukt stuk katoen, de basiskleding van heel wat vrouwen. *Pagne* of paan (afkomstig van het Portugese woord *pano*) is de naam voor een stuk textiel van zo'n 120 bij 180 centimeter, dat rond het middel gewikkeld wordt. Vanaf het einde van de negentiende eeuw vonden deze textielen op grote schaal hun weg naar Afrika. Als hybride product van een voornamelijk Hollandse koloniale handelsgeschiedenis in West-Afrika, onder meer verspreid via Ghanese soldaten die in Indonesië kennis maakten met de Javaanse sarong en de batik, veroverde de *wax print* de kusten van West- en Centraal-Afrika om daarna ook grote delen van het Afrikaanse continent in te palmen. Ofschoon deze *wax prints* aanvankelijk ook op grote schaal werden geproduceerd in onder meer Manchester en Liverpool, wisten vooral de Hollandse fabrikanten de Afrikaanse markt te veroveren.

Meer bepaald zou de firma Vlisco, opgericht in Helmond in 1846 en gespecialiseerd in het vervaardigen van industriële batiks voor de Indonesische markt, zich vanaf 1933 toeleggen op de nieuwe Afrikaanse markt. Gaandeweg bouwde Vlisco een monopolie op voor de import en de commercialisering van zijn stoffen in Afrika. Ghana werd als eerste afzetmarkt al snel overschaduwd door andere West-Afrikaanse landen. Zo groeide Lomé, de hoofdstad van Togo, al snel uit tot de draaischijf van een veel bredere afzetmarkt, waarin vooral Nigeria en Congo een grote plaats innamen. Het Nederlandse bedrijf wist voor de lokale vermarkting van zijn producten handig een beroep te doen op lokale tussenpersonen, zoals de befaamde *Mama Benz* in Lomé of de *Moziki Cent Kilos* in Kinshasa en Brussel. Vlisco kon ook heel goed inspelen op de lokale smaak en vraag, en paste zijn motieven en prints in die zin aan, via een brede waaier van producten: de befaamde *wax hollandais*, de *java print*, of de *superwax*.

Vanaf de jaren 1960 ontwikkelde zich ook een lokale Afrikaanse industriële productie van goedkopere paan-textielen van mindere kwaliteit, de *fancy*. Deze zou de motieven van de *wax hollandais* imiteren

maar nooit het prestige ervan evenaren. Mede door de niet-aflatende economische crisis vinden de laatste jaren nóg goedkopere textielen *made in China* hun weg naar de Afrikaanse markt. De import van deze nieuwe Aziatische producten vormt een reële bedreiging voor de bestaande handelsmonopolies en de lokale productie.

Aanvankelijk werd het succes van de paan meegedragen door de koloniale en missionaire beschavingsideologie die de Afrikaanse mannen en vrouwen wilde verlossen van hun 'naaktheid' en dus hun 'wildheid'. De kolonisering zorgde er dan ook voor dat de traditionele klederdracht (die vaak werd vervaardigd uit dierenhuiden of gevlochten en geweven stoffen van boombast of raffiavezels, maar ook andere corporele praktijken inhield, zoals scarificaties, huidschilderingen en allerhande haartooien) al snel werd verdrongen door een nieuwe wijze van kleden. Voor de Afrikaanse man betekende dat algauw de adoptie van westerse mannenkledij. Voor de Afrikaanse vrouw daarentegen ontwikkelde de paan zich tot de nieuwe vorm en norm van kleden.

Ook nadien, tijdens de golf van nationalisme die met de dekolonisatie gepaard ging, werd de paan ingezet als politiek instrument en ideologisch propagandamiddel. In naam van een hervonden Afrikaanse 'authenticiteit' werd de paan tijdens het regime van wijlen president Mobutu de verplichte officiële klederdracht voor de Congolese vrouw, terwijl het textiel ook werd gebruikt voor de *abacost*, het kostuumvest dat voor de Congolese man het westerse maatpak diende te vervangen (vandaar de naam *abacost: à bas les costumes*). De paan had die officiële promotie door de koloniale en postkoloniale staat echter nauwelijks nodig om ingeburgerd te raken. De *wax print* werd, naast een louter utilitair voorwerp dat voor allerlei doeleinden kon worden gebruikt (als deken, als lijkwade, als middel om zuigelingen op de rug te transporteren, als ruilmiddel of huwelijksgeschenk), ook al snel het voorwerp van een heel nieuwe esthetiek en cultuur.

De opgang van de *wax print* verliep gelijktijdig met een zich snel ontwikkelende verstedelijking, die aan die nieuwe kleding ook een heel eigen socio-culturele invulling meegaf. De paan werd al snel een graadmeter van de veranderende culturele normen en waarden in een Afrikaanse samenleving die haar weg zocht tussen traditie en moderniteit. Zo weerspiegelden de namen die aan bepaalde motieven werden gegeven ook de veranderingen in bestaande modellen van kapitaalvorming en consumptie, of in bestaande huwelijkspraktijken (onder meer in de opkomst van een nieuwe urbane polygamie). De opgang van de *wax hollandais* houdt ook verband met nieuwe noties van vrijetijdsbesteding, nieuwe mogelijkheden en vormen van maatschappelijk succes, en snel veranderende genderrollen en arbeidsverhoudingen tussen mannen en vrouwen.

De paan werd op die manier al snel het uithangbord bij uitstek waarop politieke slogans maar ook religieuze, publicitaire of educatieve boodschappen kunnen worden uitgedragen. De paan wordt niet alleen zeer letterlijk gebruikt als reclamebord om bepaalde producten te promoten of portretten van politici en religieuze leiders op af te beelden, dikwijls ook worden moraliserende spreekwoorden en gezegden verwerkt in de motieven van de prints. Tegelijkertijd genereren de elkaar snel opvolgende nieuwe prints en motieven ook allerlei minder officiële sociale commentaren en interpretaties, in de ongeremde en vaak humorvolle betekeniscreatie die eigen is aan *Radio Trottoir*, het roddelmechanisme van de Afrikaanse grootstad.

Op die manier wordt de *wax print* het canvas waarop zich de kroniek van een wereld in verandering laat schrijven. Van *liso ya pite* – het oog van de hoer – of *l'œil de ma rivale*, tot het beroemde *mon mari est capable*, het klassieke *abc* of het recente *Chignon de la Princesse Mathilde*, tonen de namen van de verschillende motieven de sociale relevantie van en de blijvende fascinatie voor de paan in zijn verschillende verschijningsvormen. De paan vormt als het ware de veruitwendiging van een lokale verbeeldingswereld waarin noties van macht, geld en seksualiteit een cruciale plaats innemen.

In zowel Brazzaville als Kinshasa, het toenmalige Leopoldstad, was de *moziki* vanaf de jaren veertig een van de belangrijkste sociale fenomenen die gepaard gingen met de verstedelijking. De *moziki* was een nieuwe soort van vereniging met recreatieve maar ook economische doeleinden. Deze verenigingen bestonden voornamelijk uit vrouwen, die regelmatig samenkwamen om zich te vermaken en elkaar, ook materieel en financieel, te steunen. Ofschoon bekritiseerd door de missionarissen om het ludieke karakter ervan, zullen deze verenigingen een belangrijke rol spelen in de ontvoogding van de Congolese vrouw en het ontstaan van een nieuwe stedelijke esthetiek. Deze associaties ontpopten zich dan ook als echte *sociétés d'élégance*. Vaak was het in de bar, een nieuwe cruciale ontmoetingsplaats en ruimte van ontspanning in de stad, dat de modes zich, in alliantie met een al even nieuwe muziek, de rumba, profileerden. De allereerste *moziki's*, zoals *La Violette, Diamant, La Rose, La Joie*, hadden dikwijls het karakter van fanclubs. Ze ontstonden rond de populaire rumba-orkesten, die de nieuwe elegante vrouw trouwens ook uitgebreid bezongen. In vele van deze *moziki's* droegen de leden een nieuwe *tenue de sortie* bij elke (vaak wekelijkse) bijeenkomst. Kledij werd al snel een uiting van materieel welslagen, en dit werd ostentatief tentoongespreid. In 1957 ontstond *La Mode*, een van de bekendste vrouwenverenigingen uit die tijd, die voor het eerst een beroep deed op sponsoring. Om zich elke week een nieuwe paan te kunnen veroorloven, lieten de vrouwen van deze vereniging zich gratis kleden door stoffenfabrikanten. In ruil gaven ze, via de uitstraling die hun *moziki* genoot, bredere bekendheid aan de allerlaatste nieuwe motieven.

Door de ontwikkeling van de Afrikaanse publieke ruimte in de urbane context krijgt het lichaam een nieuwe plaats. Tegelijk zal die intieme ruimte het meest publieke theater van de stad worden. Meer nog dan het Parijs van Proust is een stad als Kinshasa een stad van flaneurs, een trotse en sensuele stad, waar zowel mannen als vrouwen zich uitdossen om door de straten te wandelen en te kijken, maar vooral ook gezien te worden. De toeschouwers van dit schouwtoneel zitten nooit verlegen om commentaar op de outfit van een voorbijganger, het soort van *wax print* dat een vrouw draagt, de wijze waarop ze, schijnbaar achteloos, haar paan weer vastknoopt in het voorbijgaan, of de manier waarop haar lichaam zich toont in al zijn *kinoiseries*: de langzaam roterende billen van vrouwen als ze door de straat lopen (*evunda*, de goedgevulde carrosserie – om aan dit schoonheidsideaal te voldoen gebruiken veel vrouwen steeds meer hormonale injecties); de ideale benen (*mipende ya milangi*, de vorm van een omgekeerd bierflesje); de manier waarop zelfverzekerdheid wordt gespeeld, de handen nadrukkelijk in de zij; of ook het aantal plooien in een vrouwenhals (*kingo muambe*, een teken van grote schoonheid); het model van haartooi of pruik; de kleur van de huid, die steeds vaker wordt gebleekt (*kotela*) met allerlei, vaak desastreuze, schoonheidsproducten... Kortom: je hele verschijning, de manier waarop je je via je lichaam weet te tonen in de publieke ruimte, je sociale huid, vormt in grote mate ook je sociale kapitaal, het sociale gewicht dat je toelaat om een plaats in te nemen, een identiteit te verwerven en te bestaan in die openbare ruimte.

Mode is niet alleen een zaak van vrouwen. Reeds op het einde van de jaren 1950 ontstond er in Leopoldstad, of Lipopo zoals de stad toen liefkozend genoemd werd door haar inwoners, een hele jongeren-subcultuur, het *billisme*, die haar oorsprong had in westerns. Die waren toen voor het eerst te zien op het witte doek van kleine bioscopen in de zwarte wijken van wat toen nog een gesegregeerde stad was. Met name de figuur van Buffalo Bill werd een echt rolmodel voor de jongeren van toen, ook als modegoeroe: in de straten van de cités flaneerden jongemannen in jeans en met halsdoek en soms ook lasso (zoals te zien is op de mooie foto's van Depara, die het Kinshasa uit die jaren op de gevoelige plaat heeft vastgelegd).

Ondanks, of misschien wel juist door de soms extreme armoede waarin veel Kinois leven, werd ook het mannenlichaam al snel het voorwerp van een echte cultus van de elegantie. Dit culmineerde in de beweging van de *Sape*, een acroniem voor *Société des ambianceurs et des personnes élégantes*. Ontstaan in het begin van de jaren tachtig rond de figuur van de nog steeds ontzettend populaire zanger Papa Wemba, 'de koning van de *Sape*', en enkele van zijn vrienden, zoals *'le Colonel'* Jagger of Niarkos, *'l'homme le plus élégant du monde, quoi!'*, ontaardde deze beweging in regelrechte fashiontoernooien. Jongeren probeerden elkaar te overtroeven met hun Europese hautecouture-kledij, waarbij Versace, Paco Rabanne, Jean Paul Gaultier, Weston en andere Dolce & Gabbana's vereerd werden als halfgoden. Het was alsof je door Europese mode te dragen ook toegang kreeg tot Europa zelf, tot die westerse wereld die gaandeweg mythische proporties had aangenomen in de hoofden van veel stadsjongeren, maar in de praktijk zo moeilijk toegankelijk bleek. Vandaag verwijzen jonge Kinois ironisch naar deze designerkledij als *bilamba mabe*, 'slechte kleren'.

De *Sape* zelf heeft echter, zij het in gewijzigde vorm, een tweede adem gevonden in de scène van de pinksterkerken en andere charismatische gebedsbewegingen die het laatste decennium ontzettend aan belang hebben gewonnen in heel subsaharisch Afrika. De pastors van deze kerken zijn de nieuwe iconen van maatschappelijk welslagen geworden. En de belangrijkste predikanten van deze christelijke fundamentalistische bewegingen tonen zich ostentatief aan hun volgelingen in hun Armani- en Versace-pakken, onder het motto: *'Il faut être propre devant Dieu!'*

Filip De Boeck & Césarine Bolya

Vrouw in Hollandse wax | Woman in dutch wax
Archief | Archive, Museum Vlisco Helmond

04.FASHION IN THE AFRICAN METROPOLIS

In many African countries, the wax print, a length of cotton cloth with colourful printed motifs, forms the basic wardrobe for countless women. The *pagne* (from the Portuguese word *pano*) is a length of fabric, about 120cm x 180cm, worn wrapped around the waist. In the late 19th century, it found its way into Africa on a grand scale. As a hybrid product, partly from earlier Dutch colonial influence in West Africa and partly through Ghanaian soldiers who had served under the Dutch in Indonesia and become acquainted with the Javanese *sarong* and batik printing, the wax print first captured the West African coasts and then rapidly gained in popularity in other parts of the African continent. Although these wax prints were also industrially produced in such major textile manufacturing centres as Manchester and Liverpool, the Dutch manufacturers were the ones who succeeded in winning over the African market.

More specifically, the firm of Vlisco, established in Helmond in 1846 and specializing in the production of industrial batiks for Indonesia, began to focus on the new African market in 1933. In due course, Vlisco built up a near monopoly in the import and trade of its fabrics in Africa. Initially, Ghana was the most important market, but it was quickly overtaken by other West African countries. Lomé, the capital of Togo, became the dynamic behind a far wider market, in which Nigeria and Congo took leading roles. Vlisco's success was in part due to its relationship with local middlemen, such as the famous *Mama Benz* in Lomé and *Moziki Cent Kilos* in Kinshasa and Brussels, who were responsible for local distribution and marketing.

Vlisco was also able to respond to local taste and demand and, in that way, the firm adapted its motifs and prints through a broad spectrum of different products – the famous *wax hollandais*, the *javaprint*, or the *superwax*. In the 1950s and 60s, local African textile industries started to develop. They produced their own fabric, such as the fancy, which was cheaper but often of inferior quality. The fancy, for example, would imitate the motifs of the *wax hollandais*, but could never rival the prestige of the original. In part due to the enduring economic crisis, recent years have witnessed the rise of even cheaper, made-in-China fabrics, which have gradually infiltrated the African market. The import of these new Asian materials constitutes a real threat to both the existing trade monopolies and local production.

Initially, the pagne was also promoted by the ideological matrix underpinning colonial and missionary endeavours to 'civilize' African men and women, rescuing them from their 'nakedness' and consequently their 'savage' state. Colonization therefore was also responsible for the rapid disappearance of traditional styles of clothing (which not only made use of animal skins or braided and woven materials from tree bark or raffia fibres but also consisted of a wide variety of corporeal practices, including scarification, body-painting, the filing of teeth, and specific hairstyles). These precolonial forms of dress were replaced by new, more European ways of dressing. For the African man, this quickly meant the adoption of Western attire (trousers, shirts, suits). For the African woman, on the other hand, it was the pagne that developed into the new norm and style of dress.

Following upon the colonial period and carried by the wave of nationalism that went hand in hand with decolonization, the pagne continued to be used as an object of ideological propaganda. It even became a political instrument. In the name of rediscovered African 'authenticity', for example, the pagne became the obligatory costume for Congolese women during the regime of the late President Mobutu, while the same fabric was also used for the *abacost*, the short-sleeved suit worn without a tie that was intended to replace the Western tailored suit for Congolese men, *abacost* deriving from the French *à bas les costumes*, or 'down with suits'.

The pagne in fact hardly needed this official colonial and post-colonial promotion to become so
well ensconced in everyday life. Along with its
being a purely utilitarian object that could be put
to all kinds of uses (e.g., as a blanket, a funeral
shroud, a means of carrying infants on mothers'
backs, or indeed, as an object for barter or as wed-
ding gift), it rapidly became the focus of an entirely
new aesthetic regime and a new image culture.

The rise of the wax print also accompanied the
burgeoning of another, lesser-known reality. This
was Africa's fast-growing urban landscape, which
also lent the new clothing style a socio-cultural
significance all its own. The pagne thus rapidly
became a mediator of the changing cultural norms
and values in an emergent African urban society
that was seeking its own path between tradition
and modernity. Consequently, names given to
certain motifs, for example, reflected the changes
in existing models of accumulation, expenditure
and consumption, or in existing marriage practices
(among others, the rise of a new, urban polygamy).
The rise of the *wax hollandais* also took place within the framework and context of new notions of
leisure activities, new possibilities and forms for
social success, and rapidly changing gender roles
and working relationships between men and
women.

In this way, the pagne became an idealogical con-
duit through which a variety of political slogans,
as well as messages for religious, advertising or
educational objectives, could be disseminated.
The pagne was not only literally used as a form of
advertising to promote certain products and portray
politicians or religious leaders, but moralistic pro-
verbs or phrases were also often worked into the
motifs of the prints. At the same time, the rapid suc-
cession of new prints and motifs generated all kinds
of less official social commentaries and interpreta-
tions, in the unbridled creation of meaning – often
rife with humour – that is so typical of *Radio Trottoir*,
the gossip machine of the African metropolis.

As a result, the 'wax' became the canvas on which
the chronicle of a changing world would be recor-
ded. From *liso ya pite* – the eye of the whore – or
l'oeil de ma rivale, by way of the famous *mon mari
est capable*, the classic *ABC* to the recent *Chignon
de la Princesse Mathilde*, the names of the various
motifs demonstrate the social relevance of an
ongoing fascination with the pagne in all its diverse
forms. The pagne, as it were, forms the outward
expression of a local imagination in which notions
of power, money and sexuality take critical pride of
place.

Since the 1940s, both in Brazzaville and Léopoldville, the *moziki* has been one of the most important
social phenomena in the context of a rapidly deve-
loping urbanity. The *moziki* was a new form of
association with recreational as well as economic
objectives. These associations were initially made
up primarily of women who regularly came together
to enjoy themselves and support one another in
their material and financial needs. Despite being
criticized by missionaries for their frivolous nature,
these organizations would grow to play an important role in the emancipation of Congolese women
and the emergence of a new urban aesthetic of
public appearance. The associations evolved into
veritable *sociétés d'élégance*. In the 1950s, it was
often in the bar, a new and vital meeting place and
site of relaxation in the city, that fashions were created. In these urban locales, fashion evolved in
close alliance with music, most notably the rumba.
The very first *mozikis*, such as *La Violette, Diamant,
La Rose* and *La Joie*, often bore the character
of fan clubs. They arose around popular rumba
orchestras, which in turn praised the new, elegant
woman in countless songs. In many of these
mozikis, members wore a new *tenue de sortie* for
every (often weekly) get-together. Clothing had by
then become an expression of material success,
and this success was ostentatiously shown off.
La Mode, one of the best known of the women's
clubs of that period, was established in 1957.
Women were the first group to introduce another

new element into the *sociétés d'élégance*: sponsorship. In order to be able to show up each week in a new pagne, they dressed for free in fabrics provided by the textile manufacturers. In exchange, via the charismatic aura enjoyed by their *moziki*, these women promoted the very latest motifs.

The gradual design of public space in the African urban context provided the body with a new meaning. The body became the city's most public theatre. Outdoing Proust's Paris, Kinshasa is a city of *flâneurs* and idle strollers, a proudly sensuous city where both male and female bodies are constantly dressing up and taking themselves out into the streets to be seen, displaying themselves in feigned indifference to the public gaze (which is often a predominantly masculine gaze). It is a city, also, where there are always eyes to see and behold. Spectators constantly comment upon the outfit, the kind of wax cloth a woman is wearing, the bearing of the body that passes by, its *kinoiseries*, its Kinshasa idiosyncrasies: the slowly rotating movement of the buttocks (*evunda*, the body-work filled with goods – and in order to meet this ideal of beauty, many women increasingly resort to hormonal injections); the shape of the legs, ideally in the form of a beer bottle turned upside down (*mipende ya milangi*); the placement of the hands on the hips, a sign of assurance; the number of creases in a woman's neck (*kingo muambe*, a sign of great beauty); the style of hairdress or wig; the colour of the skin, more and more frequently bleached (*kotela*) with all kinds of beauty products, often with disastrous results... In short, the whole bearing, appearance and stature of passers-by, their whole social skin and social skill are scrutinized. In such a context, it is largely through the body that one generates social capital, the social weight necessary to give one a place and an identity, and validate one's existence in the public arena.

Fashion, of course, is not just the preserve of women. As far back as the 1950s, Léopoldville, or Lipopo as it was then called by its inhabitants,

had its specific youth subculture, called *Billisme*. These informal youth movements were inspired by Hollywood westerns, which were shown in the small cinemas emerging in African neighbourhoods, in what was then still a very racially segregated city. More specifically, the character of Buffalo Bill became a real role model for the young people of those days. Indeed, he was also their fashion guru. In the streets of the *cités*, young men paraded around in blue jeans, with bandanas around their necks and sometimes even a lasso (as can be seen in Depara's beautiful photographs, which succeed well in capturing the spirit of the Kinshasa of those years).

In spite of, or maybe precisely because of, its extreme poverty, Kinshasa's aesthetic regime of the body has turned into a veritable cult of elegance, culminating in the *Sape* movement, an acronym for *Société des ambianceurs et des personnes élégantes*. Having evolved in the early 1980s around the still extremely popular figure of singer Papa Wemba, 'the king of *Sape*', and a number of his friends, including *le Colonel* Jagger or Niarkos, *l'homme le plus élégant du monde, quoi!*, this movement escalated into outright fashion tournaments, in which young people would display their European fashion designer clothes in an attempt to outdo each other. Versace, Paco Rabanne, Jean Paul Gaultier, Dolce & Gabbana were all revered as demigods. It was as though wearing this European haute couture also lent access to Europe itself, to that western world that had in the course of time taken on such mythical proportions in the minds of so many urban young people, but which in practice proved so inaccessible. Ironically, today, this designer wear is referred to by young Kinshasans as *bilamba mabe*, or 'bad clothes'.

Recently, also, this spirit of elegance has found a second breath in the flourishing context of the Pentecostal and other Christian fundamentalist churches, which have gained enormously in importance all across sub-Saharan Africa in the last decade. Today, the *pasteurs* of these churches have become the new icons of social success. The most important preachers of these prayer movements ostentatiously display themselves to their followers in their Armani and Versace suits, under the motto *il faut être propre devant Dieu!,* or 'one must be respectable before God!'.

Filip De Boeck & Césarine Bolya

Fancy print
Koning Boudewijn |
King Baudouin
Museum Vlisco Helmond

114

Fancy print
Collage van krantenartikels over Koning Boudewijn |
Collage of newspaper articles about King Baudouin
Museum Vlisco Helmond
Rechterpagina | Right page
Congolese vrouw met draagdoek |
Congolese woman with sling

Moi Sophie j'en ai assez
des questions de mes copines
Je ferai tout pour qu'elles sachent
[...]
Mon mari est capable
Il est le secret de mon élégance
et de mon opulence
Mon mari est capable
Je l'aime et je reçois tout de lui
Quelle est la nouveauté
qui est sortie à Kinshasa
Que je n'ai pas reçue, posez-moi
la question que je vous réponde
Voyager vers l'Europe est comme passer
du quartier de Kinshasa à Matete
Je me rends en Europe
plusieurs fois par an
J'ai construit ma maison en six mois
Tout le monde se demande
comment je m'enrichis
Mon mari a réussi
Mon mari est capable
J'en reçois tout*

* 'Mon Mari est Capable'
(Mijn Echtgenoot is Bekwaam | My Husband is Competent)
Lied | Song, Rochereau - African Fiesta, Congo, jaren '60 | 1960s
Hollandse wax | Dutch wax
Motief | Design 'Mon Mari est Capable'
Museum Vlisco Helmond

Cacharel
zomer | summer 2005

XULY.Bët
Funkin' Fashion Inc.
zomer | summer 2005

120

Stalenboeken | Sample books, 1790-1890
Katoendrukkerij Voortman-Société Anonyme Texas, Gent |
Cotton-printing firm Voortman-Société Anonyme Texas, Ghent
MoMu, T3803 | T3804 | T3793

Meisje in Hollandse wax | Girl in Dutch wax
Archief | Archive, Museum Vlisco Helmond

Hollandse wax | Dutch wax
Motief | Design:
– West-Afrika | West Africa: 'L'œil de ma rivale'
(Het oog van mijn rivale | The eye of my rival)
– Congo: 'Miso Ya Pité'
(De ogen van de hoer | The eyes of the whore)
Museum Vlisco Helmond

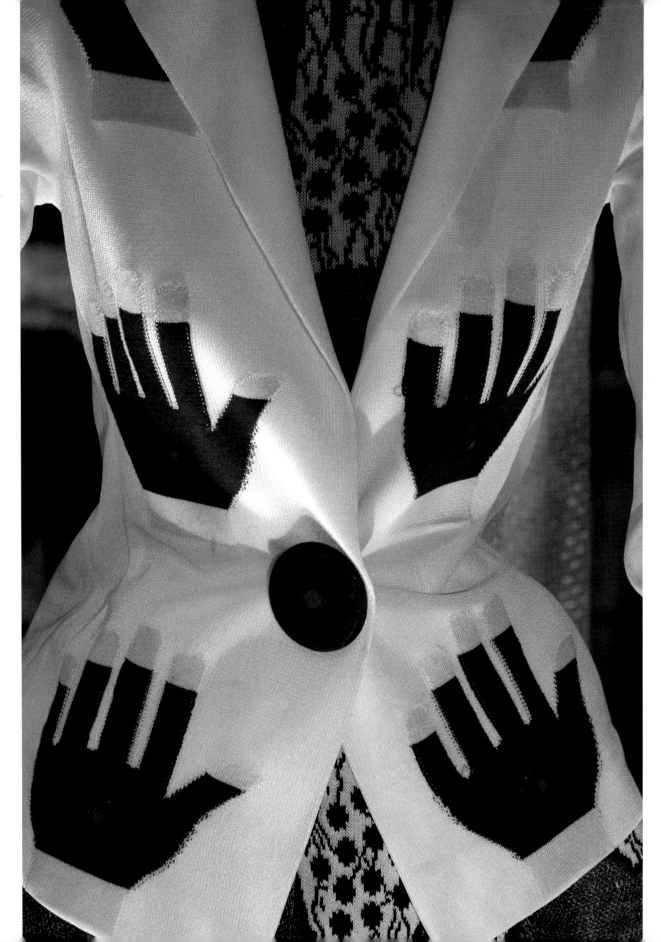

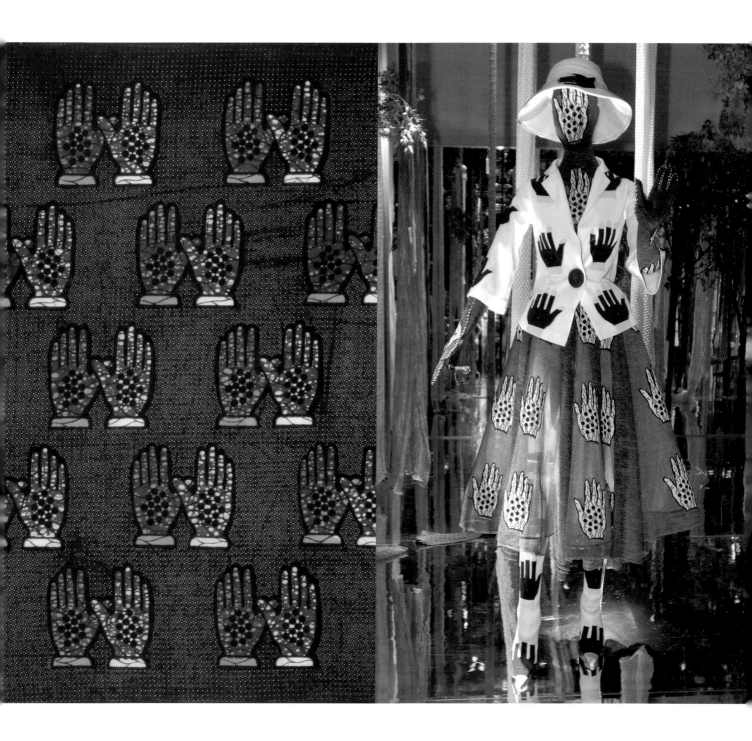

Hollandse wax | Dutch wax
Motief | Design: 'Loboko Ya Mbongo'
(De palm van de hand is guller dan de rug |
The palm of the hand is sweeter than the back)
Museum Vlisco Helmond

Angelo Figus for Pitti Filati
Tricot, geïnspireerd op een Dior ensemble |
Knitwear, inspired by a Dior ensemble
Courtesy Pitti Immagine, 2005

126

Stalenboek | Sample book, 1790-1890, 'Afrique'
Stalen Hollandse wax bestemd voor export naar Afrika |
Samples of Dutch wax intended for African export
Katoendrukkerij Voortman-Société Anonyme Texas, Gent |
Cotton-printing firm Voortman-Société Anonyme Texas, Ghent
MoMu, T3803

Vrouw in Hollandse wax | Woman in Dutch wax
Archief | Archive, Museum Vlisco Helmond

Bernhard Willhelm, winter 2005-2006
Fotoprint met afbeelding van de ontwerper |
Photo print featuring the designer

18.SHOP
XULY.Bët Funkin'
Fashion Factory INC.
Bedt. de verkoding van
in 1989 (Paris: door Xuly
pnact' de ontwerper bewust
Fijn veramelt op pierde
van zijn onderliggen waar
meer
draagt bij tot het
hogeware ontwerpen

XULY.Bët Boutik
'Beyond Desire', MoMu, 2005

XULY.Bët Boutik
'Beyond Desire', MoMu, 2005

FOTOCREDITS

P. 2 Shoji Fuji
P. 4-5-6-7-8 Tim Stoops
P. 9 Peter Lindbergh, courtesy of Michele Filomeno
P. 10 Chris Moore
P. 11 Tim Stoops
P. 12-13 Mirto Linguet (art director: Andy A. Okoroafor
– Clam Total Fashion Bureau)
P. 14 O. Claisse
P. 15 Tim Stoops
P. 16 Tyen (make-up: Kim voor Dior | model: Kristina Semenovskaia)
P. 20 Van der Stockt © François Caron
P. 25 Nick Knight
P. 26-29 Jason Evans | Styling: Simon Foxton
P. 30-31 Z.J.S. Ndimande & Son
P. 32 Tim Stoops
P. 33 links: Herzekiah Andrew Shanu | rechts: Samuel
P. 34-35 Tim Stoops
P. 37 Malick Sidibé
P. 38-39 Tim Stoops
P. 40 Iké Udé
P. 44 Iké Udé
P. 48 Tim Stoops
P. 49 Richard Dawson
P. 50-51 Shoji Fuji
P. 52-53 George Amponsah & Cosima Spender
P. 54-55 Malick Sidibé
P. 56 Eddie Otchere
P. 57 onbekend
P. 59 Jean-Paul Goude
P. 60-61 © Diesel
P. 62 Tim Stoops
P. 64-65 Gareth McConnel
P. 66-67 Julian Broad
P. 68-69 Jean-Marie Perier
P. 71 © YSL Rive Gauche
P. 72 Ugo Camera
P. 73 Tim Stoops
P. 74 Norbert Schmitt, Interfoto | JAS2
P. 75 onbekend © Fondation Pierre Bergé-Yves Saint Laurent
P. 76 Tim Stoops
P. 77 Daniel Mayer
P. 78 Monica Feudi
P. 79 onbekend © Fondation Pierre Bergé-Yves Saint Laurent
P. 80 Franco Rubartelli © Vogue France
P. 89 Courtesy of Carol Tulloch
P. 90 J.D. 'Okhai Ojeikere
P. 91-92 onbekend © Bibliotheek MoMu
P. 93 J.D. 'Okhai Ojeikere
P. 94-98 Patrice Stable
P. 99 Schets: Bob Verhelst voor 'Beyond Desire' | Foto bovenaan: Tim Stoops
P. 100 Amber Rowland
P. 101 Julian Broad
P. 102 onbekend © Bibliotheek MoMu
P. 103 Tim Stoops
P. 104 Patrice Stable
P. 108 onbekend © Vlisco Museum Helmond
P. 113-114 Tim Stoops
P. 115 Cas Oorthuys, courtesy of Nederlands FotoMuseum
P. 116-117 Tim Stoops
P. 118-119 Frédéric Bukajlo
P. 119 rechts: O. Claisse
P. 120-121 Tim Stoops
P. 122 onbekend © Vlisco Museum Helmond
P. 123 Tim Stoops
P. 124 © Pitti Immagine
P. 125 links: Tim Stoops | rechts: © Pitti Immagine
P. 126 Tim Stoops
P. 127 onbekend © Vlisco Museum Helmond
P. 128 Tim Stoops
P. 129 Shoji Fuji
P. 130-131-132-133 Tim Stoops

PHOTO CREDITS

P. 2 Shoji Fuji
P. 4-5-6-7-8 Tim Stoops
P. 9 Peter Lindbergh, courtesy of Michele Filomeno
P. 10 Chris Moore
P. 11 Tim Stoops
P. 12-13 Mirto Linguet (art director: Andy A. Okoroafor
– Clam Total Fashion Bureau)
P. 14 O. Claisse
P. 15 Tim Stoops
P. 16 Tyen (make-up: Kim for Dior | model: Kristina Semenovskaia)
P. 20 Van der Stockt © François Caron
P. 25 Nick Knight
P. 26-29 Jason Evans | Styling: Simon Foxton
P. 30-31 Z.J.S. Ndimande & Son
P. 32 Tim Stoops
P. 33 left: Herzekiah Andrew Shanu | right: Samuel
P. 34-35 Tim Stoops
P. 37 Malick Sidibé
P. 38-39 Tim Stoops
P. 40 Iké Udé
P. 44 Iké Udé
P. 48 Tim Stoops
P. 49 Richard Dawson
P. 50-51 Shoji Fuji
P. 52-53 George Amponsah & Cosima Spender
P. 54-55 Malick Sidibé
P. 56 Eddie Otchere
P. 57 unknown
P. 59 Jean-Paul Goude
P. 60-61 © Diesel
P. 62 Tim Stoops
P. 64-65 Gareth McConnel
P. 66-67 Julian Broad
P. 68-69 Jean-Marie Perier
P. 71 © YSL Rive Gauche
P. 72 Ugo Camera
P. 73 Tim Stoops
P. 74 Norbert Schmitt, Interfoto | JAS2
P. 75 unknown © Fondation Pierre Bergé-Yves Saint Laurent
P. 76 Tim Stoops
P. 77 Daniel Mayer
P. 78 Monica Feudi
P. 79 unknown © Fondation Pierre Bergé-Yves Saint Laurent
P. 80 Franco Rubartelli © Vogue France
P. 89 Courtesy of Carol Tulloch
P. 90 J.D. 'Okhai Ojeikere
P. 91-92 unknown © MoMu Library
P. 93 J.D. 'Okhai Ojeikere
P. 94-98 Patrice Stable
P. 99 Sketch: Bob Verhelst for 'Beyond Desire' | Photo top: Tim Stoops
P. 100 Amber Rowland
P. 101 Julian Broad
P. 102 unknown © MoMu Library
P. 103 Tim Stoops
P. 104 Patrice Stable
P. 108 unknown © Vlisco Museum Helmond
P. 113-114 Tim Stoops
P. 115 Cas Oorthuys, courtesy of Nederlands FotoMuseum
P. 116-117 Tim Stoops
P. 118-119 Frédéric Bukajlo
P. 119 right: O. Claisse
P. 120-121 Tim Stoops
P. 122 unknown © Vlisco Museum Helmond
P. 123 Tim Stoops
P. 124 © Pitti Immagine
P. 125 left: Tim Stoops | right: © Pitti Immagine
P. 126 Tim Stoops
P. 127 unknown © Vlisco Museum Helmond
P. 128 Tim Stoops
P. 129 Shoji Fuji
P. 130-131-132-133 Tim Stoops

ModeMuseum Provincie Antwerpen

met de steun van
de Vlaamse regering

PROVINCIE
ANTWERPEN

MM
ModeMuseum
PROVINCIE ANTWERPEN

TENTOONSTELLING

EXHIBITION

De tentoonstelling werd ingericht door de Bestendige Deputatie van de Provincieraad van Antwerpen.

Directie: Provinciebestuur Antwerpen
Provinciegouverneur: Camille Paulus
Provinciegriffier: Danny Toelen
Bestendig afgevaardigden:
Ludo Helsen, Jos Geuens, Frank Geudens,
Martine De Graef, Marc Wellens, Corry Masson
Directeur Departement Cultuur: Peter De Wilde

MoMu:
Directeur: Linda Loppa
Tentoonstellingsbeleid: Kaat Debo, Jo De Visscher
Scenografie: Bob Verhelst
Productieverantwoordelijke: Annelies Verstraete
Communicatie: Valérie Gillis
Pers internationaal: At Large (Parijs)
Mannequinage: Erwina Sleutel, Griet Kockelkoren,
Ellen Machiels
Inlijsting fotografie: Birgit Ansoms
Publiekswerking: Frieda De Booser

Productie scenografie: Decor Atelier Ercola

Met bijzondere dank aan:

Philippe Pirotte en N'Goné Fall voor advies

Fifty One Fine Art Photography

Christian Dior (Philippe Le Moult, Soizic Pfaff),
YSL Rive Gauche (Olivier Bielobos, Anoushka Borghesi),
Fondation Pierre Bergé – Yves Saint Laurent (Robin
Fournier-Bergmann), Dolce & Gabbana (Alberto Cavalli,
Barrie Levett), Gucci (Cristina Malgara, Daniel Urrutia),
Gianfranco Ferré (Giorgio Re), Roberto Cavalli (Cristina
Bagnasacco), Céline (Christophe Den Haerinck),
XULY.Bët (Aurore Durry, Jérôme & Cathérine Clermont),
Ashish (Michael & Lwindi at BLOW pr), Vivienne Westwood
(Andrea Cameroni), Ozwald Boateng (Annabel Cager,
Marc Petring), Guerriero (Cecilia), Prins Claus Stichting
(Adzedu of Shapes), Jean Paul Gaultier (Mylène Lajoix)

Françoise Therry, Camouflage, Gallery J.Visser, Vlisco
Museum Helmond, Koninklijk Museum voor Midden-Afrika,
Iwalewa-Haus, October Films (Dionne Walker & George
Amponsah), Jason Evans, Cynthia Lawrence-John, Diesel
(Charlotte Delagaye), Pitti Immagine, Henrik Karl Andersson,
Lorin Deforce, Bache Jespers, Coccodrillo

Met dank aan:

Het hele MoMu team, Wilfried Noë, Autodienst Provincie
Antwerpen, Collectie – Beleid/Behoud en Beheer Musea
Stad Antwerpen – Restauratieatelier Papier en Boek,
Hilton Antwerpen

The exhibition was organised by the Executive Board of the Council of the Province of Antwerp.

Board: Provinciebestuur Antwerpen
Provincial Governor: Camille Paulus
Provincial Recorder: Danny Toelen
Deputies:
Ludo Helsen, Jos Geuens, Frank Geudens,
Martine De Graef, Marc Wellens, Corry Masson
Director of the department of Culture: Peter De Wilde

MoMu:
Director: Linda Loppa
Exhibition Policy: Kaat Debo, Jo De Visscher
Scenography: Bob Verhelst
Production manager: Annelies Verstraete
Communicatione: Valérie Gillis
Press international: At Large (Paris)
Installation mannequins: Erwina Sleutel,
Griet Kockelkoren, Ellen Machiels
Framing photography: Birgit Ansoms
Education: Frieda De Booser

Production scenography: Decor Atelier Ercola

With special thanks to:

Philippe Pirotte and N'Goné Fall for advice

Fifty One Fine Art Photography

Christian Dior (Philippe Le Moult, Soizic Pfaff),
YSL Rive Gauche (Olivier Bielobos, Anoushka Borghesi),
Fondation Pierre Bergé – Yves Saint Laurent (Robin
Fournier-Bergmann), Dolce & Gabbana (Alberto Cavalli,
Barrie Levett), Gucci (Cristina Malgara, Daniel Urrutia),
Gianfranco Ferré (Giorgio Re), Roberto Cavalli (Cristina
Bagnasacco), Céline (Christophe Den Haerinck),
XULY.Bët (Aurore Durry, Jérôme & Cathérine Clermont),
Ashish (Michael & Lwindi at BLOW pr), Vivienne Westwood
(Andrea Cameroni), Ozwald Boateng (Annabel Cager,
Marc Petring), Guerriero (Cecilia), Prins Claus Stichting
(Adzedu of Shapes), Jean Paul Gaultier (Mylène Lajoix)

Françoise Therry, Camouflage, Gallery J.Visser, Vlisco
Museum Helmond, Koninklijk Museum voor Midden-Afrika,
Iwalewa-Haus, October Films (Dionne Walker & George
Amponsah), Jason Evans, Cynthia Lawrence-John, Diesel
(Charlotte Delagaye), Pitti Immagine, Henrik Karl Andersson,
Lorin Deforce, Bache Jespers, Coccodrillo

With thanks :

The whole team at MoMu, Wilfried Noë, Autodienst
Provincie Antwerpen, Collectie – Beleid/Behoud en Beheer
Musea Stad Antwerpen – Restauratieatelier Papier en Boek,
Hilton Antwerp

CATALOGUS

CATALOGUE

136

Samenstelling: Kaat Debo

Vormgeving: Paul Boudens

Uitgever: Ludion, Gent

Druk: Die Keure, Brugge

Vertalingen: Hilde Pauwels, Erik Tack

Eindredactie: Ann Jooris

Het MoMu dankt Jo De Visscher, Tim Stoops en Hugo De Block zonder wiens inzet dit boek niet tot stand gekomen zou zijn.

Oplage: 3250 ex.

MoMu – ModeMuseum
Provincie Antwerpen
Nationalestraat 28
B-2000 Antwerpen
info@momu.be
www.momu.be

Composition: Kaat Debo

Graphic Design: Paul Boudens

Publisher: Ludion, Ghent

Printer: Die Keure, Bruges

Translation: Mari Shields

Editing: First Edition Translations Ltd., Cambridge, UK

MoMu would like to thank Jo De Visscher, Tim Stoops and Hugo De Block for their support and for helping to realize this book.

Print run: 3250 copies

MoMu – Fashion Museum
Province of Antwerp
Nationalestraat 28
B-2000 Antwerp
info@momu.be
www.momu.be